中央财经大学金融科技书系

保险科技中的大数据与人工智能

张 宁 著

Big Data and Artificial Intelligence in Insurance Technology

中国财经出版传媒集团
经济科学出版社
Economic Science Press

图书在版编目（CIP）数据

保险科技中的大数据与人工智能/张宁著．—北京：经济科学出版社，2020.11
（中央财经大学金融科技书系）
ISBN 978－7－5218－2044－7

Ⅰ.①保… Ⅱ.①张… Ⅲ.①数据处理－应用－保险－科学技术②人工智能－应用－保险－科学技术 Ⅳ.①F840－39

中国版本图书馆 CIP 数据核字（2020）第 213559 号

责任编辑：于海汛　郭　威
责任校对：蒋子明
责任印制：范　艳　张佳裕

保险科技中的大数据与人工智能
张　宁　著
经济科学出版社出版、发行　新华书店经销
社址：北京市海淀区阜成路甲 28 号　邮编：100142
总编部电话：010－88191217　发行部电话：010－88191522
网址：www.esp.com.cn
电子邮箱：esp@esp.com.cn
天猫网店：经济科学出版社旗舰店
网址：http：//jjkxcbs.tmall.com
北京季蜂印刷有限公司印装
710×1000　16 开　12 印张　170000 字
2021 年 10 月第 1 版　2021 年 10 月第 1 次印刷
ISBN 978－7－5218－2044－7　定价：49.00 元
（图书出现印装问题，本社负责调换。电话：010－88191510）

中央财经大学科研创新团队支持计划

中央财经大学新兴交叉学科建设项目

教育部人文社会科学重点研究基地重大课题（编号：16JJD790060）

中央财经大学一流学科建设项目“面向未来和业界应用的精算科技研究与精算智库建设”

中央财经大学金融科技书系

"中央财经大学金融科技书系"
编委会

“中央财经大学金融科技书系”编委会秘书处设在中央财经大学中国金融科技研究中心

网址：http：//sf. cufe. edu. cn/kydt/kyjg/zgjrkjyjzx/zxjj. htm

总 序

中央财经大学在国内高校中率先成立金融科技系和中国金融科技研究中心，以金融科技人才培养为导向，以金融科技学术前沿问题研究为支撑，打造人才培养、理论研究、创新引领的金融科技教育平台和开放型交流平台，我们还有国内一流的金融科技产业园，积极推动金融科技在行业的落地应用，支持金融科技的创新创业。

“中央财经大学金融科技书系”编委会成员长期专注于金融科技前沿理论研究和应用实践探索，在国内外重要期刊上发表了多篇论文，出版了多本著作，承担了各类项目，取得了一系列重要成果。为了分享相关研究进展，他们梳理了这一套金融科技书系，希望借此能够进一步推动金融科技理论和应用的发展。

这套书系一方面连接金融保险研究力量和人工智能大数据等科技领域研究力量，另一方面连接学术探索和应用实践，形成了一个多方力量汇集的平台，希望这其中的每一本书都开启一个“认知革命”的故事、一个“预见未来”的故事，成为金融科技理论研究与实践探索领域创新篇章的动听音符。

中央财经大学副校长

2018 年 3 月

序

中央财经大学金融科技书系是在学校学院的支持下由中央财经大学中国金融科技研究中心负责组织出版的一系列相关金融科技的著作，这些著作的内容主要来自书系编委会成员的理论研究、应用研究、实践探索和教学经验，具体形式包括专著、编著、教材和案例。当前书系由中央财经大学中国金融科技研究中心负责，具体工作由中国金融科技研究中心和中国精算研究院精算科技创新实验室合作进行。

书系编委会成员由中央财经大学中国金融科技研究中心的研究人员组成，同时设置了以倪光南院士为首的顾问委员会，顾问委员会成员包括国内外学术领域知名专家学者、相关知名企业金融科技专家以及在金融科技方面有充分建树的专业人士。

当前书系已经出版的著作包括：

- 第一本系统介绍深度学习在金融保险中应用的著作：《金融保险：深度学习》（张宁著）；
- 第一本针对企业进行金融科技评价的著作：《中国金融科技创新发展指数报告（2018）》（张宁，陈辉，赵亮著）；
- 第一本金融科技背景下的非寿险精算教材：《每个人都可以称为精算师——新非寿险精算实务》（张宁，林锦添，陈辉著）；

计划中的著作内容包括：健康险、医学和健康管理中的金融科技，金融科技基础教材，基于大数据分析的健康财富管理，保险科技背景下的寿险精算，金融风险管理中的金融科技、金融科技实践案例以及生命质量研究等。

中央财经大学中国金融科技研究中心成立于2017年，是国内较早成立的金融科技研究机构，前身为健康财富与大数据中心。中心依托国家重点学科——中央财经大学金融学院的学科优势，整合金融、保险精算、数学、计算机和人工智能等多学科研究力量，定位于一流智库，与行业保持密切合作，在积极进行基础理论和创新应用研究的同时，为金融机构、金融科技企业和相关组织等提供信息咨询和决策参考服务。当前研究中心成员来自中央财经大学金融学院及相关院系，北京师范大学、清华大学等兄弟高校，以及部分行业企业等。中心承担的书系设有倪光南院士等领衔的顾问委员会，委员会对中心的发展方向和重大研究选题进行梳理和建议。

中央财经大学中国金融
科技研究中心主任　张宁

目　录 CONTENTS

第1章 人工智能进化论

当前，人工智能的浪潮正向我们身边的各个领域席卷而来，从汽车行业到教育行业、从法律到军事，各行各业的创新与变革中都有它的身影。毋庸置疑，近年来引发人们热议与关注的大数据是人工智能技术迅速发展的基础。作为数据积累最为完善行业之一的金融业，也正经历着从大数据价值挖掘和利用转向人工智能的过程。在本章中，让我们一起回顾一下人工智能的发展，并从经济学视角研究和探讨人工智能发展的意义，从人工智能的技术和经济进化中，思考它在保险中的位置和场景。

1.1 人工智能现代史

1.1.1 基于神经网络的人工智能研究的第一次繁荣

谷歌的阿尔法围棋（AlphaGo）战胜李世石、柯洁，是人工智能领域的划时代事件，以深度网络为基础的深度学习技术开始为大众所了解，而这背后的神经网络（artificial neural network，ANN）实际上已经经过了七十多年的发展。通过探究神经网络的发展历程，我们可以看到其趋势、瓶颈和突破。

具体来说，人工神经网络的概念诞生于1943年，心理学家W. 麦卡洛克（W. Mcculloch）和数理逻辑学家W. 皮茨（W. Pitts）在分析、总结神经元基本特性的基础上首先提出神经元的数学模型。此模型沿用至今，并且直接影响着这一领域研究的进展，当前无论是浅层学习还是深度学习，基本的神经元模型都是该模型。由此，他们二人被认为是人工神经网络研究的先驱。

1945 年，冯·诺依曼领导的设计小组试制成功的存储程序式电子计算机，标志着电子计算机时代的开始。1948 年，他在研究工作中比较了人脑结构与存储程序式计算机的根本区别，提出了以简单神经元构成的再生自动机网络结构。但是，由于指令存储式计算机技术的发展非常迅速，迫使他放弃了神经网络研究这一新途径，继续投身于指令存储式计算机技术的研究，并在此领域作出了巨大贡献。虽然冯·诺依曼的名字是与普通计算机联系在一起的，但他也是人工神经网络研究的先驱之一。

20 世纪 50 年代末，F. 罗森布拉特（F. Rosenblatt）设计制作了“感知机”，它是一种多层的神经网络。这项工作首次把人工神经网络的研究从理论探讨付诸工程实践。当时，世界上许多实验室仿效制作感知机，分别应用于文字识别、声音识别、声呐信号识别以及学习记忆问题的研究。然而，这次人工神经网络的研究高潮未能持续很久，许多人陆续放弃了这方面的研究工作，这是因为当时数字计算机的发展处于全盛时期，许多人误以为数字计算机可以解决人工智能、模式识别、专家系统等方面的一切问题，使感知机的工作得不到重视；加之，当时的电子技术工艺水平比较落后，主要的元件是电子管或晶体管，利用它们制作的神经网络体积庞大、价格昂贵，要制作在规模上与真实的神经网络相似的神经网络是完全不可能的；另外，1968 年一本名为《感知机》的著作中指出线性感知机功能是有限的，它不能解决如异感这样的基本问题，而且多层网络还不能找到有效的计算方法。这些论点促使大批研究人员对人工神经网络的前景失去信心。60 年代末期，人工神经网络的研究进入了低潮。

另外，在 20 世纪 60 年代初期，韦德罗（Widrow）提出了自适应线性元件网络，这是一种连续取值的线性加权求和阈值网络。后来，在此基础上发展了非线性多层自适应网络。当时，这些工作虽未标出神经网络的名称，而实际上就是一种人工神经网络模型。

随着人们对感知机兴趣的衰退，神经网络的研究沉寂了相当长的时间。20 世纪 80 年代初期，模拟与数字混合的超大规模集成电路制作技术提高到新的水平，完全付诸实用化，此外，数字计算机的发展在若干应用领域遇到困难。这一背景预示，向人工神经网络寻求出路的时机已经成熟。美国的物理学家霍普菲尔德（Hopfield）于 1982 年和 1984 年在美国科学院院刊上发表了两篇关于人工神经网络研究的论文，引起了巨大的反响。人们重新认识到神经网络的威力以及付诸应用的现实性。随即，一大批学者和研究人员围绕着霍普菲尔德提出的方法展开了进一步的工作，形成了 80 年代中期以来人工神经网络的研究热潮。

在论文中，霍普菲尔德提出了可用作联想存储器的互连网络，这个网络被称为 Hopfield 网络模型，也称 Hopfield 模型。该模型是一种循环神经网络，从输出到输入有反馈连接。Hopfield 网络有离散型和连续型两种。当前深度网络中的循环神经网络与此有关。

图 1－1 所显示的就是典型的三层神经元构造的 Hopfield 网络。

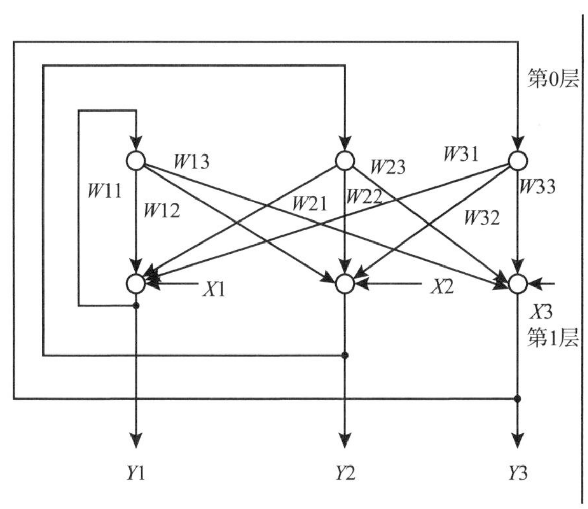

图 1－1　Hopfield 网络

反馈神经网络由于其输出端有反馈到其输入端；所以，Hopfield 网络在输入的激励下，会产生不断的状态变化。当有输入之后，可以求取出 Hopfield 的输出，这个输出反馈到输入从而产生新的输出，这个反馈过程会一直进行下去。如果 Hopfield 网络是一个能收敛的稳定网络，则这个反馈与迭代的计算过程所产生的变化越来越小，一旦到达了稳定平衡状态，那么 Hopfield 网络就会输出一个稳定的恒值。对于一个 Hopfield 网络来说，关键在于确定它在稳定条件下的权系数①。

后续的研究表明：反馈网络有稳定的，也有不稳定的。对于 Hopfield 网络来说，还存在如何判别它是稳定网络，抑或是不稳定的问题；而判别依据是什么，也是需要确定的。这些问题曾经是该领域重要的研究方向之一②。

这一时期的跨度长达 60 年，神经网络受到电子技术的推动，特别是随着个人计算机的普及，在工程和应用方面得到一定程度发展，特别是神经网络自身性质的理论探讨方面也有一定的进步。

1.1.2 机器学习的兴起

机器学习的概念比神经网络的诞生还要早，当前经常被认为是人工智能的核心“技术”。通常我们认为，机器学习（machine learning，ML）是一门多领域交叉学科，涉及概率论、统计学、逼近论、凸分析、算法复杂度理论等多门学科。

机器学习专门研究计算机怎样模拟或实现人类的学习行为，以获取新的知识或技能，重新组织已有的知识结构使之不断改善自身的性能。但对于机器学习的深层次描述，不同学者有不同的看法，例如：兰利（Lang-

---

① Matlab 中可以使用 Hopfield 网络，使用神经工具箱。

② 参考如下书籍和论文，该模型现在也在一些领域使用。

Gurney，Kevin. An Introduction to Neural Networks. Routledge，2002.

MacKay，David J. C.，Hopfield Networks. Information Theory，Inference and Learning Algorithms. Cambridge University Press，2003，p. 508. This convergence proof depends crucially on the fact that the Hopfield network's connections are symmetric. It also depends on the updates being made asynchronously.

Storkey，Amos J.，and Romain Valabregue，The basins of attraction of a new Hopfield learning rule. Neural Networks. 1999：869 – 876.

Hebb，Donald Olding，The organization of behavior：A neuropsychological theory. Lawrence Erlbaum，2002.

Storkey，Amos，Increasing the capacity of a Hopfield network without sacrificing functionality. Artificial Neural Networks – ICANN'97，1997：451 – 456.

ley，1996）定义的机器学习是“机器学习是一门人工智能的科学，该领域的主要研究对象是人工智能，特别是如何在经验学习中改善具体算法的性能”①。这个定义直接将机器学习看作是人工智能的科学，强调了经验学习的重要性。汤姆·米切尔（Tom Mitchell，1997）对信息论中的一些概念有详细的解释，将机器学习定义为“机器学习是对能通过经验自动改进的计算机算法的研究”②。

阿尔巴丁（Alpaydin，2004）对机器学习的定义更加偏重于数据和工程的经验，“机器学习是用数据或以往的经验，以此优化计算机程序的性能标准。”③

从定义上来看，机器学习广泛使用多种工具，并不局限于人工神经网络。但我们注意到，很多机器学习的方法，都可以看作神经网络的两层表示，即浅层表示。

从历史上来看，机器学习的发展可以分为三个阶段：

第一阶段是 20 世纪 50 年代到 60 年代左右，一些基于数据的自我学习算法不断涌现，事实上说明了机器学习的可行性以及应用的空间足够广阔；

第二阶段是 20 世纪 60 年代到 70 年代，这个阶段是机器学习的冷静时期，这是伴随着神经网络的发展而进入低潮的。如前面所述，当时众多研究认为随着神经网络规模的扩大可以解决很多问题，这使众多研究机器学习的专家转向研究神经网络——虽然严格来说，神经网络也是机器学习的一种，而机器学习是人工智能的一个分支。

第三阶段是 20 世纪 70 年代到 90 年代，这是机器学习的复兴阶段。伴随着人工神经网络研究的冷却——特别是多层网络训练难度的不可逾越，新的机器学习方法被提出（现在这些方法大多属于浅层学习）。也就

---

① Machine learning is a science of the artificial. The field's main objects of study are artifacts, specifically algorithms that improve their performance with experience.

② Machine Learning is the study of computer algorithms that improve automatically through experience.

③ Machine learning is programming computers to optimize a performance criterion using example data or past experience.

是说，在解决实际任务层面，机器学习比同阶段的人工神经网络更有优势，从而使其热度超过了神经网络（ANN）。

这阶段的机器学习可以简述为“浅层学习”，即依赖的神经网络层数很少（通常是只含有一层隐藏节点）。这种浅层学习技术在20世纪80年代末掀起了基于统计学习的机器学习浪潮。在这样的神经网络中，经典的反向传播算法可以从最终输出和实际值（标签）的误差开始，逐步修改前面层面的权重，通过大量反复迭代，达到最终的目标。

事实上，现在仍然还在使用的支撑向量机（supported vector machines，SVM）、增压、最大熵（boosting，maximal entropy）等都可以看作是有一层隐含节点的浅层神经网络，或者没有浅层节点的网络（LR）。这些方法还有一个特点，即在数学理论上有一定的完备性，除了可以通过迭代获得结果外，很多结果可以利用数学推导出来。随着更多研究的推动，这些技术在一定程度上超越了普通的浅层网络的效果，导致其逐渐沉寂。

特别提到的是，支撑向量机方法近些年有一些新的发展，特别是和后面的深度学习技术产生融合，我们在本书的案例中将提到这一方法的应用。

这些技术的进步也得益于互联网带来的资源和需求。资源就是指大量的数据（高维数据），例如搜索结果、点击率、网页数量、垃圾邮件、各类内容等；而需求就是用户对大量数据分析结果的需求和预测，以及企业类似的需求，企业需要在大量数据中发现信息，这个过程可以说是需要“智能”的。需要注意的是，这里我们提到的“智能”一词并非指人类的智能，而是指数据量过大以致人类无法胜任。

这时候这些浅层学习技术真正发挥了作用。大量高维度数据的众多参数所拓展的高维空间，根据需要进行分类、预测、评价等，浅层学习技术有理论基础、高效学习的特点发挥出来，可以快速地、准确地，甚至基于快速分类技术更加精准地“个性化”达到目标。

尽管浅层学习这一概念尚不如大数据等为人熟知，但我们已经在亲历着它为我们的生活与工作带来的便利，一些典型而常见的应用有：成熟的搜索广告系统的技术（Google 的 AdWords，百度的凤巢系统），这些技术中会对广告点击率的合同技术要求（CTR）进行预估；网页搜索技术(Google 的分布动态分类，微软的搜索引擎等)；垃圾邮件的过滤系统(大量高维度的参数降维分类)，电商平台的推荐系统等（基于 Person-Rank 技术以及决策树和 SVM 的组合技术等)。

其他一些略显小众但同样重要的应用包括数据挖掘、计算机视觉、自然语言处理、生物特征识别、搜索引擎、医学诊断、检测信用卡欺诈、证券市场分析、DNA 序列测序、语音和手写识别、战略游戏和机器人运用等。

1.1.3 新的融合：深度学习的爆发

深度学习实际上是机器学习的一种，而同时又是人工神经网络的新发展，下面两个图可以帮助我们很好地厘清它们之间的关系。图 1 –2 说明了深度学习和机器学习以及人工智能的关系：机器学习是人工智能的一个分支，而当前火热的深度学习又是机器学习的分支。图 1 –3 说明了神经网络和机器学习、深度学习的关系：神经网络是机器学习的一种方法，而深度学习是深度神经网络的“学习”。需要注意的是，有相当多机器学习方法例如支撑向量机（SVM）可以看作浅层的神经网络。

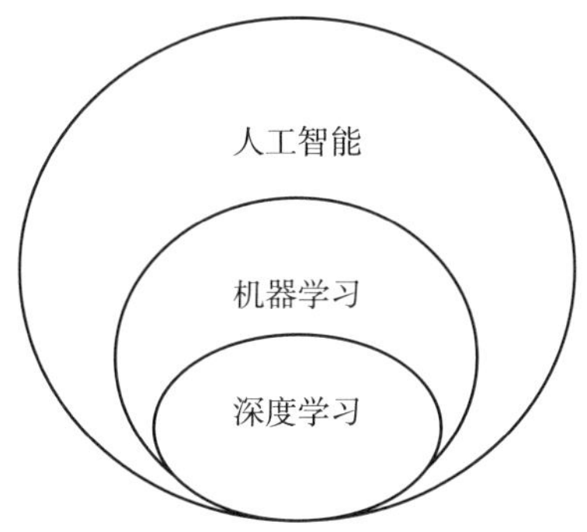

图 1 –2　深度学习、机器学习和人工智能的关系

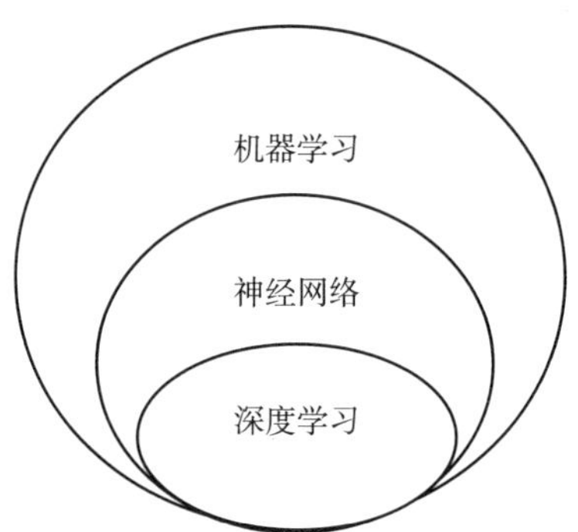

图1-3　神经网络、机器学习和深度学习的关系

深度学习时代的开启是由神经网络之父、多伦多大学教授辛顿（Hinton）推动的[①]。辛顿在1986年的论文中提出了反向传播算法，该算法是神经网络中的基础算法，也是现在深度学习训练的大框架[②]。

2006年，辛顿在人工神经网络著名期刊《神经计算》（*Neutral Computation*）发表论文，阐述了深度信念网络（deep belief network，DBN）的训练方法。之后，辛顿和他的学生鲁斯兰·萨拉赫胡迪诺夫（Ruslan Salakhutdinov）在《科学》（*Science*）上发表文章，正式开启了深度学习时代。这两篇文章中，辛顿提到两个根本：第一，多隐层的人工神经网络具有优异的特征学习能力，能够获得类似于人的认知特点，得到的特征对数据有更本质的刻画，这对于分类、预测等具有重要作用。第二，深度神经网络的训练的难题，可以通过逐层初始化来进行克服（layer-wise pre-training），文章中利用无监督学习来实现。

同样在2006年，本希奥（Bengio）、杨立昆（LeCun）也分别发表了

---

① Hinton, G. E., Osindero, S. and Teh, Y., A fast learning algorithm for deep belief nets. *Neural Computation*, Vol. 18, 2006, pp. 1527–1557.

Hinton, G. E. & Salakhutdinov, R. Reducing the dimensionality of data with neural networks. *Science* Vol. 313, 2006, pp. 504–507.

② Rumelhart, D. E., Hinton, G. E., and Williams, R. J., Learning representations by back-propagating errors. *Nature*, Vol. 323, 1986, pp. 533–536.

两篇文章，共同奠定了深度学习研究的基础[①]。这三位巨头的文章阐述了如下几个基本结果：第一，用自编码器表示的无监督学习被用于（预）训练每一层；第二，在一个时间里的一个层次的无监督训练，可以紧接着之前训练的层次；第三，在每一隐藏层学习到的特征表示作为下一层的输入。

本希奥探讨和对比了限制玻耳兹曼机（RBMs）和自编码器（auto－encoders）。兰扎托（Ranzato）在一个卷积架构的上下文中使用稀疏自编码器（类似于稀疏编码）。从直观上来看，这些研究解决了当时深度网络的两个问题：第一个问题就是训练的难题；第二个问题是深层网络隐含层有意义的特征的描述。

学术界的大力推进与研究层次的不断深入，从根本上推动了神经网络的工程应用，我们可以看到从2006年开始，深度学习作为基础的工程应用迅速爆发，具体可以分为如下几类。

第一类：学术评测的准确率迅速提升。

例如各类人脸识别和图像识别大赛、计算机视觉大赛等。例如著名的ImageNet，2017年7月底刚刚举办了第七届比赛。其中27支参赛团队超过半数来自中国。最后，WMW团队以2.25%的错误率赢得了图像分类竞赛；在物体识别比赛中，DBAT团队的识别精度为73.1%，比去年的66.3%更进一步[②]。值得注意的是，2014年，Google获得了大赛的冠军，但之后就没有再参加比赛。

第二类：大量传统应用效果迅速提升。

典型的应用就是类似于人脸识别、语音识别、翻译软件技术等。例如，在9月12日令人瞩目的苹果（Apple）发布会上，iPhone X成为焦

① Yoshua Bengio, Pascal Lamblin, Dan Popovici and Hugo Larochelle, Greedy Layer－Wise Training of Deep Networks, in J. Platt et al.（Eds）, Advances in Neural Information Processing Systems 19（NIPS 2006）, MIT Press, 2007, pp. 153－160.

Marc'Aurelio Ranzato, Christopher Poultney, Sumit Chopra and Yann LeCun Efficient Learning of Sparse Representations with an Energy－Based Model, in J. Platt et al.（Eds）, Advances in Neural Information Processing Systems（NIPS 2006）, MIT Press, 2007.

② 资料来源于ImageNet官方网站（http：//image－net.org/about－overview）。

点，除了全面屏以外，它还采用了 Face ID 技术。与普通的人脸识别不同，Face ID 利用了 3D 人脸识别技术：它通过一个结构光系统——右边有一个小投影仪投射带形状信息的红外光斑到人脸上，左边的摄像头采集光斑的信息，根据形变和大小等逐一确定各个位置的深度和方向信息，最后得到人脸的点云生成 3D 模型，然后 Face ID 通过神经网络提取出人脸特征。

第三类：新的场景和技术被激发并获得长足的发展。

典型的例子就是自动驾驶和语义分析等。2017 年 7 月 18 日，百度与微软宣布，双方已经达成了推进无人驾驶项目合作的协议，计划在全球范围内加强自动驾驶技术的研发和渗透。百度发布数据称，自发布自动驾驶项目阿波罗（Apollo）平台以来，已陆续吸引了 50 家汽车制造商、零部件供应商和科技公司的目光，并与之建立关系。作为最早无人驾驶技术的领跑者 Google，也在 2017 年与美国第二大打车软件 Lyft 秘密签署协议，共同研发无人驾驶汽车。

1.1.4 人工智能的其他派别

当前深度学习的火热发展，让人们很容易将深度学习等同于人工智能，事实上，无论是机器学习技术还是神经网络技术，都是探索人工智能的“实践”，但都距离实现真正意义上的人工智能仍有很长的路要走。人工智能在发展的过程中，一直都在试图回答图灵之问：1950 年，图灵（Turing）在一篇名为《计算机器与智能》的文章中公布了自己的研究结果，这项成果解决了人工智能领域非常核心的问题——如何分辨人类和人工智能计算机。该问题的回答实际上就是著名的图灵测试。

图灵被称为计算机之父，现代计算机的最高奖就是图灵奖。1936 年，在剑桥国王学院就读的阿兰·图灵发表重要论文《论可计算数及其在判定问题上的应用》（*On Computable Numbers, with an Application to the Entscheidungsproblem*），提出“算法（algorithms）”和“计算机（computing machines）”两个核心概念，一直被我们沿用到今天。

图灵测试是指：如果一个人使用任意一串问题去询问两个他不能看见的对象：一个是正常思维的人；一个是机器，经过若干询问以后他不能得出实质的区别，则此机器通过图灵试验。

图灵测试提出后，人类一直在不同的道路上探索着“人工智能”的实现，除了前面提到的神经网络的形式，还有探索人类思考方式的实现方法，可以概括为“逻辑推理”实现，或者叫作符号派。

符号主义（Symbolism）是基于逻辑推理的智能模拟方法，也叫作心理学派、逻辑主义，它来自数学的“数理逻辑”，现在离散数学中也有专门研究“数理逻辑与范式”的方向。回顾来看，最早研究人工智能的学者大多数走的这条路线，因为当时人们相信，人类的思考是可以找到模式的。该路线的代表人物是纽厄尔（Newell）和西蒙（Simon）等。

需要提到的是，定理证明一直被认为是人类独有的智能，由此，有许多科学家试图让机器进行推理与证明，这方面已经取得了长足的进步，例如我国著名数学家、首届国家最高科学技术奖获奖者吴文俊院士所开创的数学机械化方向，还有华人数学家、逻辑学家王浩，在逻辑推理和证明方面有诸多成果等。而著名的符号计算软件 Maple 已经可以对许多高等数学命题给出证明。

此外，还有行为主义、进化主义等，限于篇幅，我们对这些不做详细介绍。同时约定，本著作中的人工智能，如果不做特别解释，主要是指以神经网络和机器学习技术为“实现”的人工智能化。

1.1.5 人工智能发展的问题、方向和思考

和计算机领域的诸多技术进步不同，人们对人工智能发展的难度一直估计不足，甚至说过于乐观，这股乐观的思潮在 1955 ~ 1970 年最为盛行。早在 1958 年，人们便大胆地做出推测：十年之内，数字计算机将成为国际象棋冠军。可直到 2001 年，由 IBM 的深蓝击败卡斯帕罗夫获得冠军，比预计整整迟到了 30 多年，这在计算机技术飞速发展的时代是难以想象的。同年，人们还提出了另一个预测：十年之内，数字计算机将发现并证明一个重要的数学定理。而当今人类确实依靠计算机证明了著名的四色定理，但是起的完全是辅助作用，为各类情况进行程序化操作，至于发现定理则至今仍未实现。随着时间的流逝，人们并未因为前述的两个预测没

有得到实现而气馁，而是在 1970 年做出了一个更加乐观的推断，认为在 3 ~ 8 年的时间里，会有具有人类平均智能水平的计算机诞生。事实上，这是现在人工智能的终极目标，至于什么时候实现，人类完全不得而知。

这些乐观的思潮是有原因的，那就是当时的人们对人类自身的智能认识不足，简单地以为速度足够快、规模足够大就可以形成“人类的大脑”。随着科技的发展与研究的深入，人们逐渐了解到对人工智能的探索，实际上已经变成数学、哲学、心理学、神经科学、基因科学、计算机科学等各种学科交叉融合的过程，这条路仍然很长。这里我们主要是考虑深度学习技术，它研发中面临的重大问题表明了未来研究和应用的方向。

在理论方面的问题。理论问题主要体现在两个方面，一个是统计学习方面的，另一个是计算方面的。我们已经知道，深度模型相比较于浅层模型有更好的对非线性函数的表示能力。具体来说，对于任意一个非线性函数，根据神经网络的通用逼近理论（universal approximation theory），我们一定能找到一个浅层网络和一个深度网络来足够好地表示，而深度网络只需要很少的参数。但可表示性不代表可学习性。我们需要了解深度学习的样本复杂度，也就是我们需要多少训练样本才能学习到足够好的深度模型。或者说，我们需要多少计算资源才能通过训练得到更好的模型？理想的计算优化方法是什么？由于深度模型都是非凸函数，这方面的理论研究极其困难。

在建模方面的问题。在推进深度学习的学习理论和计算理论的同时，我们是否可以提出新的分层模型，使其不但具有传统深度模型所具有的强大表示能力，还具有其他的好处，比如更容易做理论分析。另外，针对具体应用问题，我们如何设计一个最适合的深度模型来解决问题。我们已经看到，无论在图像深度模型，还是语言深度模型，似乎都存在深度和卷积等共同的信息处理结构。甚至对于语音声学模型，研究人员也在探索卷积深度网络。那么一个更有意思的问题是，是否可以构建出一个通用的深度模型或深度模型的建模语言，作为统一的框架来处理语音、图像和语言？

在工程方面的问题。需要指出的是，对于互联网公司而言，如何在工程上利用大规模的并行计算平台来实现海量数据训练，是各家公司从事深度学习技术研发首先要解决的问题。传统的大数据平台如 Hadoop，由于数据处理的延迟（latency）太高，显然不适合需要频繁迭代的深度学习。现有成熟的深度神经网络（DNN）训练技术大都是采用随机梯度法（SGD）训练的。这种方法本身不可能在多个计算机之间并行。即使是采用图形处理器（GPU）进行传统的深度神经网络模型进行训练，其训练时间也是非常漫长的，一般训练几千小时的声学模型需要几个月的时间。而随着互联网服务的深入，海量数据训练越来越重要，深度神经网络这种缓慢的训练速度必然不能满足互联网服务应用的需要。Google 搭建的 DistBelief，是一个采用普通服务器的深度学习并行计算平台，采用异步算法，由很多计算单元独立地更新同一个参数服务器的模型参数，实现了随机梯度下降算法的并行化，加快了模型训练速度。与 Google 采用普通服务器不同，百度的多图形处理器并行计算平台，克服了传统随机梯度法训练的不能并行的技术难题，神经网络的训练已经可以在海量语料上并行展开。可以预期，未来随着海量数据训练的深度神经网络技术的发展，语音图像系统的识别率还会持续提升。

笔者基于自己认识，对人工智能的未来有如下一些判断和思考，写在这里以供读者们参考与探究：

1. 目前的人工智能，是以深度学习为名的一次神经网络复兴，本质上仍然是一种统计学习，其实质没有超出经典的联结主义的观点。

2. 各种各样的神经网络模型，包括深度前馈网络、卷积神经网络、循环神经网络，都需要大量的数据集训练，它不能学习到训练集以外的知识。因此，目前的深度学习，既是模型的价值，也是大数据集、大计算能力的价值。

3. 深度学习的严格理论框架是缺失的，是缺乏“解释”的，其优化训练过程是不能保证收敛的。各种各样的模型及算法的成功，是一种“试验”的结果。

4. 正是缺乏严格的理论框架，目前的深度神经网络的界限在哪里，也是未知的。按照目前的深度学习网络框架，到底能完成什么样的“智能”，是未知的。

5. 强人工智能在目前的框架下是不能实现的，因为按照目前的深度学习框架，计算代价太高，理论上计算代价是参数的幂指数关系。这也是各种模型发展的原因。选择和发明一个合适的模型，可以极大地近似拟合现实世界，或者减少计算量。但是这个模型的结构实际上是注入了人类的先验知识。

6. 全知全能的人工智能在目前的框架下更加是不能实现的，因为在开放式的环境中，这也许涉及学习和模拟整个“宇宙”，也许上帝也不能填补所有参数。注意，计算代价的幂指数关系。全宇宙的物质加起来，也不过是 2 的 100 多次幂个原子。但是通用人工智能是可行的，这种可行是利用了数据的多层次融合特征。

7. 目前基于深度学习的人工智能框架，说“强大”也可，说“初级”也可。在特定任务中，准确率和效率是可以达到或超过人类的，尤其擅长在海量的数据中学习特征，是可以部分取代人类劳动的。但远远还没有到取代人类本身的程度。

8. 作为个人而言，尽快学习和拥抱人工智能。短期内，人工智能会造成职业危机和贫富差距进一步拉大，部分劳动者被取代，劳动价值和自信心被打击。在一场革命中，若不想被革命，只能做革命者。

9. 未来不可预测。也许目前的深度学习的潜力还没有被充分认识，也许有新的更强大的模型出来了，那时候，才是一场真正的革命。

10. 更本质的，从人类角度来看，智能自身应该包含着意识，但是当前的智能还不包括意识概念，这也依赖于基础生理学等学科对意识的研究和发展。

1.2 人工智能与经济学、数学、神经科学关系探究

人工智能作为一个正在迅速发展的技术，面对着来自不同背景的使

用对象，而这些使用者往往从自身专业的角度考虑它的价值与作用：人工智能专家常常在技术角度考虑它所带来的变革，而从事人工智能应用的企业家更多地从商业、企业价值角度考虑它的作用，经济学家由于较少了解人工智能的原理则更多地从经济周期和产业周期角度评价人工智能。

1.2.1 Gartner 技术曲线与人工智能技术成熟度

Gartner 曲线常常被用来描述新技术所处的位置，又被称为技术成熟度曲线（the hype cycle）。该曲线形状如同一个驼峰，是 Gartner 公司根据详尽分析和预测来推论出到达成熟前的演变过程以及大致的时间划分。

根据研究，技术成熟总要经历过如下几个阶段。

第一个阶段：技术诞生的触发期（technology trigger）：媒体的过度曝光等因素导致技术在没有成熟前就被大肆渲染。

第二个阶段：期望膨胀的峰值期（peak of inflated expectations）：受到高度关注的技术被推到了发展的顶峰期，大量的投资在这一阶段进入。

第三个阶段：泡沫破裂的幻灭期（trough of disillusionment）：由于技术发展等方面导致产品无法迅速普及，受关注程度下降；

第四个阶段：稳步爬升的复苏期（slope of enlightenment）：随着技术方面的提升和应用场景的成熟，再次引起公众的兴趣，并且开始真正走向普及；

第五个阶段：实质生产的成熟期（plateau of productivity）：新科技产生的利益与潜力被市场实际接受，进入商业化的成熟阶段。

图 1－4 表示的就是最新的 Gartner 的曲线。从曲线中不难看出，人工智能所包含的各个子领域在曲线上占据了众多席位：深度学习、强化学习，通用智能、自动驾驶、认知计算、商业无人机（无人机）、机器学习等。而从曲线上所处的位置可以看出，人工智能类新兴技术正处于 2017 年曲线的巅峰位置，以深度学习和机器学习为例，这两种技术都处于曲线的期望峰值处，由此可见人工智能类技术的浪潮正席卷着整个市场。Gartner 报告认为，到了 2020 年人工智能（AI）会成为服务提供商的主要战

场，人工智能（AI）和高级机器学习（ML）在接下来很长一段时间内都有很大的进步空间。其中涉及的深度学习、神经网络、自然语言处理（NLP）等算法和技术的进步将超越基于规则的传统算法，创造能够理解、学习、预测、适应，甚至可以自主操作的系统。同时，人工智能的应用和高级机器学习将催生一系列智能化功能，包括物理设备（机器人、无人驾驶汽车和消费电子）以及应用和服务（虚拟个人助理 VPA 和智能顾问）。现如今，借助人工智能对于数据进行合理使用，已然成为各领域寻找自身发展新突破的重要契机。根据 Gartner 曲线的预测，未来 10 年人工智能将成为最具颠覆性的技术，而通用人工智能/神经形态硬件/深度强化学习/量子计算/脑机接口等技术仍处在上升阶段。

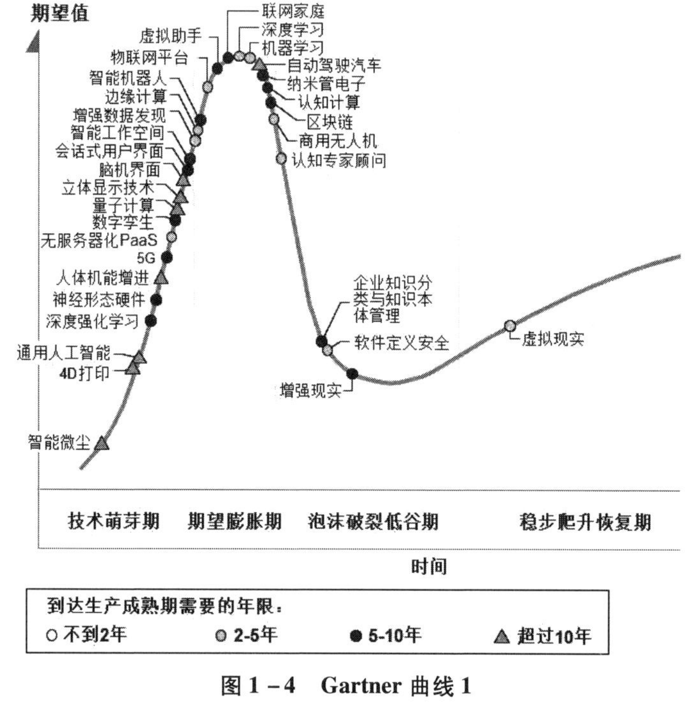

图 1-4　Gartner 曲线 1

资料来源：来源于 Gartner 网站。

图 1-5 描述了与人工智能相关的三个趋势，并列举了各趋势下值得重点关注的产业：无处不在的人工智能（AI）；浸入式体验；数字化平

台。从这些趋势来看，人工智能已经成为当前绝对的热点。那么人工智能对经济学来说到底意味着什么？我们对此进行一些探究和思考。

三大趋势	
1. 人工智能无处不在	
· 深度学习	· 对话式用户界面
· 深度强化学习	· 企业分类法
· 人工智能	· 本体管理
· 自动驾驶汽车	· 机器学习
· 认知运算	· 智能微尘
· 商用无人机	· 智能机器人
2. 浸入式体验	
· 4D 打印	· 人体增强系统
· 增强现实	· 纳米电子
· 脑机接口	· 虚拟现实
· 家庭物联	· 立体显示
3. 数字化平台	
· 5G	· 神经形态硬件
· 数字孪生	· 量子计算
· 边缘运算	· 免服务器 PaaS
· IoT 平台	

图 1－5 Gartner 曲线 2

资料来源：根据 Gartner 官网信息自己绘制而得。

1.2.2 人工智能技术的必然性与经济学意义

尽管 Gartner 曲线描述了人工智能发展的阶段和未来的场景，但其更关注技术本身的周期性，我们希望探讨的是这样几个问题：第一，人工智能（特别是这一轮深度学习）出现的必然性是什么？第二，人工智能实质上对经济模式有无影响？还是只是效率的提升方式？第三，人工智能形成新的生产力了吗？抑或有更大的作用？

在这里，笔者试图从技术、应用和经济三者融合的角度来探讨人工智能产生的必然性和经济学意义，它所带来的变革，在一定程度上是以前技术更新所不能说明的。

看起来，互联网发展中的许多应用问题，都可以在浅层学习技术框架下解决，那么为何要发展深度学习呢？

通过对数据经济和互联网经济发展的特征分析，我们从如下三个角度进行展开：

第一点，数据特征组织的自然需求。这一点实际上表明了大数据和人工智能及深度学习的关系。我们谈论的数据在今天已经是极度爆发式的增长，这些数据不但在规模上超过了以往，同时数据自身的不同维度的特征也是前所未有的。如此庞大的数据被视为大数据时代的资产，政府、企业、个人都寄希望在此资产上实现自身的目标，例如：政府希望借助大规模数据发现经济运行规律、舆情特点和事件预警，加快审批和服务流程，进行更快速的甄别和风险管控，提升不同领域的交流效率等；企业希望借助大规模数据发现可靠的商机，甚至可以预测用户的偏好和特点，实现精准的推送，预先估计客户的需求，提前配置资源并使得成本最优等；个人希望借助大规模数据发现与自己相关的潜在差异，无论在健康还是金融投资领域，实现有甄别的价值凸显等。

当我们寄希望于这些数据资产所产生的目标时，其实我们知道，这些数据资产需要经过一定程度的处理——至少是经过清洗和初步的挖掘，这就是如同原油需要经过提炼，并根据不同需要，形成各类型汽柴油一样，数据也需要这样一个过程，这个过程实际上是数据特征挖掘和发现的过程。

这个过程是随着数据量大规模增长而必然显现的——它迫使我们更关注数据上层，而减少对原始数据的依赖。正因如此，深度学习在不同隐藏层的特征发现就是这个趋势所产生的自然需求。

第二点，数据智能趋势的内在需求：对数据的要求越来越智能。事实上，除了大数据之外，许多个体（包括企业和个人）各自的数据形成了小数据。或者严格说，我们所熟悉的大数据本质上是由一个个的小数据组合而成的。

我们需要认识到，数据在商业上的目的是服务，在服务中，数据如同个体画像的驱动材料，个人或者需求端产生的所有偏好在数据中（小数据）中反映，这种众多维度的数据和最终针对性服务对应的是典型的复杂的非线性关系，并且还有一定的实时性要求。

而深度网络显然在实现非线性关系的拟合方面具有得天独厚的优势。在许多领域，它比高斯混合模型（GMM）更有效，尽管得到深度网络的各级参数集合需要时间——这个过程可以通过图形处理器进行加速，但是其直接应用的计算还是快速的并且可以并行的。

也就是说，商业对数据智能驱动的要求，从本质上需要深度网络的加持。

第三点，经济生产关系重塑“感染”生产力迭代的效率需求。这是新经济时代的生产关系和生产力关系重塑的基本特征。

这实际上是人工智能和大数据对经济模式改变的核心。深度网络所发挥的作用其实仍然是人脑的一种认知形式——尽管这次是殊途同归，在更高特征上，深度网络赋予了机器相当多的人的“智能”，在人类认知领域的一些部分可以抗衡人类的能力。

从经济学的角度分析，这一经济模式的变革具有深远的意义。当前经济模式从手工劳动进化到工业（标准化），又进化到后工业时代，更多的生产力转化为知识生产力，在计算机的计算生产力帮助工业标准化达到极致后，机器的认知能力使得其获得一定程度上人的“生产力”，这是一个直接的现实，换句话说：在当前生产关系中，劳动力的定义已经被机器和人重新改写，而正在改写的是人力资本，人力资本也存在被机器或者计算智能替代的可能。这意味着生产力端的劳动力＋资本中的人力资本被“人工智能化”，生产关系的结构也由此颠覆。

这个颠覆在技术层面是可以“落地”的，即直接的深度网络的学习能力和“全局把握能力”是这个颠覆的技术根基——或者说，未来可能会继续加强，例如迁移学习和通用学习能力赋予这种能力更大的替代效率。

换句话说，即使深度学习在过去几年没有发展起来，也一定会持续地沿着这个方向突破，这是既定的轨道。所不同的是，使宏观层次的经济和技术的需求如何被颠覆性变成可能。

这个过程，让我们想起了一百年前狭义相对论的诞生。在经典的牛顿力学框架下，已经有了麦克斯韦方程组这样的强大工具，尽管络绎不绝的物理学家（科学家们）都试图在牛顿力学框架下解释“时间相对”衍生的现象，但是迈出牛顿力学的圈子的步伐一直没有停止，甚至潜在的尺缩（长度缩短）和质增（质量增加）效应已经被发现，只是没有人找到一个合适的解释框架，这种内在需求被爱因斯坦通过一种完全颠覆的框架给予了解决——我们也相信，即便没有爱因斯坦，十年、二十年后也会有人提出类似的狭义相对论框架（广义相对论就不好说了）。

种种一切都说明了进步的轨迹和趋势是明晰的，尽管我们等来的不是相对论般的划时代的革新，但是对于计算机领域乃至对诸多行业来说，这已经是足够开启曙光的钥匙。

1.2.3 数学角度的必然性，深度学习的本质基础——通用逼近定理

在介绍这个定理前，我们有必要重新阐述一下浅层学习的优势以及深度学习的内在特点。很显然，（绝大多数）浅层学习有扎实的数学理论基础，例如支撑向量机本质是核函数和高维空间内积，且能够很快地获得结果，即训练速度快，这对于应用来说就是效率高。

可以想象从神经网络诞生开始，研究者们就已经构建了各种神经网络，既包括一层隐藏层的网络，也包括很多层的网络。事实上，科学家们开始是乐观的，因为人工智能网络是模拟人脑，而人脑有百万亿个神经元，自然会想构造复杂的多层的拥有众多神经元的人工神经网络。

这时候其实我们可以给深度学习的一个概念，即深度网络。简单说就是比浅层网络复杂的网络——它拥有多个隐藏层，在某种程度上，复杂的连接也是深度网络的一种（例如循环神经网络）。但问题来了，这种深层网络既不能获得好的数学解释，也没有好的办法去训练。

在数学解释方面，神经网络其实有共同的数学基础，即所谓的通用逼近定理。

【通用逼近定理】[①] 令激活函数 ϕ 是一个非常数，有界且单调递增的连续函数。$I_m = \{0, 1\}^m$ 表示 m 维空间的单位超立主体，$C(I_m)$ 表示其上的连续函数空间。那么给定任意的连续函数 $f \in C(I_m)$，$\epsilon > 0$，存在一个正整数 $n > 0$，实常数 α_i，ω_{ij}，$b_i(1 \leqslant i \leqslant n,\ 1 \leqslant j \leqslant m)$，使得：

$$F(x_I, x_i, \cdots, x_m) = \sum_{i=1}^{n} \alpha_i \phi\left(\sum_{j=1}^{m} \omega_{ij} x_j + b_i\right)$$

对输入的空间的所有的 x_1，x_2，$\cdots$，x_m，满足：

$$|F(x_1, x_2, \cdots, x_m) - f(x_1, x_2, \cdots, x_m)| < \epsilon$$

但这并不能清晰说明神经网络的权重的具体可解释性，即从应用角度来说，对结果的调整的可操作性几乎没有，这和通常的支撑向量机方法或者最简单的线性回归等方法一样，可以调整一个参数使其变得稍大或者稍小。

事实上，神经网络是典型的非线性系统，微小的调整很有可能会产生非线性系统固有的混沌现象，即蝴蝶效应（butterfly effects）。

接下来，在训练层面（逼近过程）遇到同样困难的问题，反向传播算法（BP 方法）可以训练浅层网络，但是多个隐含层如何反向传播？更重要的是，这种传播即使有也几乎不可行，因为每层网络的参数本身巨大，更多层意味着复杂度指数上升。研究者们训练过深度网络，但是几乎无法进行，这也是浅层学习技术占上风的根本原因。

下面这句话很重要：因为数学理论已经表明，如果训练可行，通用逼近定理已经说明，深度网络不会比任何浅层技术差，实际上通过更多层次引入，一定会超过任何给定的浅层学习技术。所以看起来，训练可行是比可解释更需要提前解决的问题。解决了它，实际上，深度网络的时代也就开始了——深度学习到来。

---

① G. Cybenko, Approximation by superpositions of a sigmoid function. *Math. of Cont.*, *Sign.*, *and sys.*, Vol 2, 1989, pp. 303 – 314.

K. Funahashi, On the approximate realization of continuous mapping by neutral networks. Neur. Net., Vol 2, 1989, pp. 183 – 192.

K. Hornik, Approximation capabilities of multilayer feedforward networks. Neur. Net, Vol 4, No 2, 1991, pp. 251 – 257.

1.2.4 神经网络与神经科学、人脑结构

我们已经知道人工神经网络最初的想法是模拟人脑——尽管我们现在知道人脑的工作方式极其复杂，我们仍然还不够了解。

人的大脑简单来说可以分为三部分，这三部分是典型的进化结构，是在胎儿时随着时间一层一层地生成的，如图1－6所示。

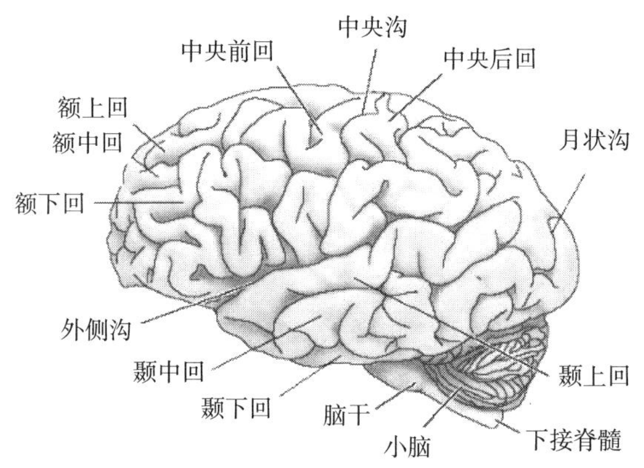

图1－6　人脑简单解剖结构

第一部分是古皮质或者叫作原始大脑，也叫作爬行动物大脑。包括脑干—延髓、小脑、中脑、脑桥，以及其他一些最古老的结构（基地核—苍白球和嗅球）。这很类似于爬行动物的大脑，而从进化论角度，人类是经历了爬行动物、哺乳动物的过程。这一部分也被称为R－集合体。

第二部分是原皮质或者叫作中级大脑，也叫作低等哺乳动物大脑。它包括边缘结构，主要是指下丘脑、杏仁核、海马、扣带回、隔区等。

第三部分是新皮质，也叫作高级大脑、理性大脑、新哺乳动物大脑等，几乎包括大脑左半球、大脑右半球，以及皮质下的神经元群体。这对应的是新哺乳动物即灵长类和人类。

大脑的解剖结构被发现后，人们开始关注到大脑皮层，主要是新皮质部分，这是端脑的一部分，是在脑进化历史上，也是在神经系统进化历史上最晚出现的，功能最高级的部分。

高级动物的大脑皮层是包裹在大脑外侧的皮装结构，我们可以在解剖图上看到两类最基本的解剖结构：沟和回。直观上看就是褶皱，而且越高级的动物，其褶皱越多，对应能够展开的面积也就越大。成年人类的展开面积大约是 1 张 A2 大小纸张，这部分皮质厚度在 2 ~4 毫米。正是这部分结构促使人类发展出了人工神经网络。

解剖发现，这部分结构主要由神经细胞组成，包括神经元和星型胶质细胞，而整体上神经元的数量可以达到 1 000 亿个，这些神经元形成了树突和轴突，并通过连接其他神经元进行信息传递（本质上是电信号）。

直观上，树突是神经元的信息收集器：树突是从胞体发出的一至多个突起，呈放射状。胞体起始部分较粗，经反复分支而变细，形如树枝状。树突的结构与脑体相似，胞质内含有尼氏体、线粒体和平行排列的神经原纤维等，但无高尔基复合体。在特殊银染标本上，树突表面可见许多棘状突起，长约 0. 5 ~1. 0 微米，粗约 0. 5 ~2. 0 微米，称树突棘，是形成突触的部位。一般电镜下，树突棘内含有数个扁平的囊泡，称棘器。树突的分支和树突棘可扩大神经元接受刺激的表面积。树突具有接受刺激并将冲动传入细胞体的功能。

同样，轴突是把细胞的信息传递出去：每个神经元只有一个轴突，发出轴突的胞质部位多呈圆锥形，称轴丘，其中没有尼氏体，主要有神经原纤维分布。轴突自胞体伸出后，开始的一段，称起始段，长约 15 ~25 微米，通常较树突细，粗细均一，表面光滑，分支较少，无髓鞘包卷。离开胞体一定距离后，有髓鞘包卷，即有髓神经纤维。轴突末端多呈纤细分支，称轴突终末，与其他神经元或效应细胞接触。轴突的主要功能是将神经冲动由胞体传至其他神经元或效应细胞。

事实上，这样的结构不仅仅在大脑皮层，在大脑的其他部分，以及各部分之间、骨髓之间等都是这样进行连接。

受到这种解剖结构的启发，人们逐渐通过人工形式来模拟这种信息处理方式，逐渐形成了如下的标准神经元结构，如图 1 –7 所示。

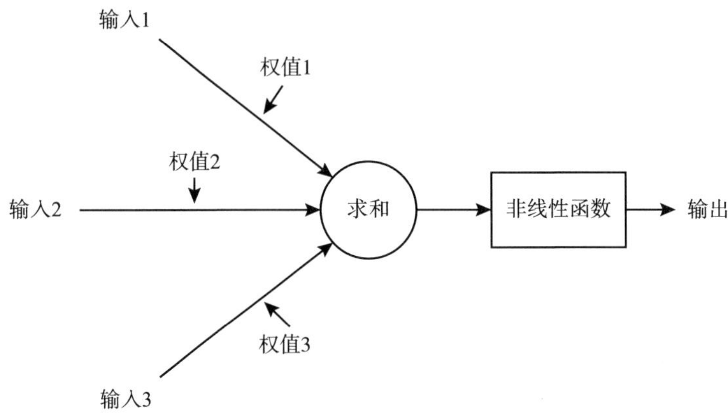

图 1-7　人工神经元逻辑结构

从直观上来看，我们有一些方式来模拟人脑的功能，在此之前，我们需要思考一下，为什么要模拟人脑——除非人脑有一些地方比计算机更有优势，否则这种模拟就是不必要的，我们都让计算机来做就可以。

现在看来人脑有一些能力是现代计算机所不能具备的，尽管这种差异可能在量子计算机获得突破后有所缩小。其实这个问题涉及“智能”的本质，迄今为止，仍然没有给出一个通用的定义，通常来说，智能都是以人的能力为基础的，也就是“图灵测试”的核心①。

1950 年，阿兰·图灵在那篇名垂青史的论文《计算机械与智力》的开篇说：“我建议大家考虑这个问题：‘机器能思考吗?’”但是由于我们很难精确地定义思考，所以图灵提出了他所谓的“模仿游戏”。

一场正常的模仿游戏有 ABC 三人参与，A 是男性，B 是女性，两人坐在房间里；C 是房间外的裁判，他的任务是要判断出这两人谁是男性谁是女性。但是男方是带着任务来的：他要欺骗裁判，让裁判做出错误的判断。

那么，图灵问：“如果一台机器取代了这个游戏里的男方的地位，会发生什么？这台机器骗过审问者的概率会比人类男女参加时更高吗？这个

① 1950 年，阿兰·图灵在那篇名垂青史的论文《计算机械与智力》的开篇说：“我建议大家考虑这个问题：‘机器能思考吗?’”，这是第一篇系统论述智能的文章。正是因为图灵的先驱性工作，人们将计算机领域的最高奖命名为图灵奖。

问题取代了我们原本的问题：‘机器能否思考？’”而这，就是图灵测试的本体。

事实上，机器在 2014 年通过了一定程度的图灵测试（BBC 新闻）：

2014 年 6 月 7 日，聊天程序“尤金·古斯特曼”（Eugene Goostman）在英国皇家学会举行的 2014 图灵测试大会上冒充一个 13 岁乌克兰男孩而骗过了 33% 的评委，从而“通过”了图灵测试。

我们具体来分析一下，人脑中哪些能力是计算机所难以胜任的。

第一类：人物、物体识别与跟踪。

对于人类来说，我们每天都在识别朋友、亲人、陌生人，我们也在不断识别物体。神奇的是，我们识别一个水杯，识别一辆自己坐的公交车，识别某个食品，识别某个同事等都不需要任何哪怕是一点点思考，这是一件神奇的事情。但是对计算机来说却是困难重重。伴随着计算机的诞生，有一门学科在逐渐发展，就是计算机视觉，目的是让计算机进行物体识别，一直到世纪之交，哪怕是最简单的物体，计算机也要通过极其复杂的运算才可能有所收获，而且这其中还有三个和人识别本质不同的地方：

（1）需要预先给定物体的特征，否则计算机是不会自动将其当作“物体”的。

（2）本质上无法跟踪，更多是静态的识别。

（3）功耗极小。

需要说明的是，这个能力其实并非人类独有的，绝大多数动物其实都具备这样的能力，只要是进化出眼睛的物种，都可以对物体进行识别并跟踪：老虎狮子通过识别物体跟踪物体来追踪部群或食物；飞鸟通过物体识别来捕捉昆虫；鱼类通过识别物体来隐藏自己避免天敌等。

这类的能力看起来都是大脑进化的产物，也就是说，是不是我们构造了足够大的大脑就可以达到这样的能力？

第二类：推理和判断能力。

人类可以轻松对事情进行相关推理、因果推理，对一些难以数量化的信息进行推断和给出结果，这对计算机以 0，1 为基础的运算体系来说，是很困难的。但是这类推理和判断能力实际上一直激发很多科学家再次进行方向研究和发展。

他们的方式是通过逻辑学来对人类的推理和判断进行特征分析，总结规律，构造范式。这在离散数学中就是命题逻辑和范式推演。

如果神经元结构的大脑是支撑推理和判断能力的生理学基础，那么神经网络的结构是否能够实现类似于人的推理和判断能力？这是一个未解的问题。

第三类：语言理解能力/翻译能力。

很显然，人类交流的语言对人类极其重要，而我们已经习惯在语言中感知信息，进行判断，了解长篇大论后的思想，了解复杂语句后的情绪。可这对计算机来说显然也是困难重重。那么神经网络的出现是否会对此有所突破？

第四类：决策和全局把握能力。

人类会在决策中应用全局把控的能力，尽管微观的数量变化也会影响结果，但是我们做一个决策，仍然会包含很多远期和一些情感上的信息，然后进行宏观的决策，我们在政治家、军事家以及很多人身上可以看到这类能力。这种远景的把握能力，直观上很难通过计算机进行复制。

不能复制的根本原因是我们不好找到一个可以令人信服的效应函数或者优化函数，或者是这个函数过于复杂，以至于都难以建立。那么神经网络是否足够复杂，从而对此能有所突破？

第五类：科学研究能力。

很明显，人类的科学研究能力是顶级的，认识宇宙运行的规律，发现人类社会的规律，包括本书中提到的研究和创新，都是这种能力。这种能力直观上无法程序化，也就是说，看起来计算机很难胜任。

所以至少从以上五点看，计算机对人类的挑战还很长远，而研究就相应地变为：如何让它们更靠近人类。有两种方式可以推动这种竞争：

第一种方式就是人脑的物理结构模拟。

坚持这一思想的学者认为，规模和智能是有关系的，当神经元规模达到一定程度，就会从量变产生质变，形成真正的“人类智能”，这种思想的根据是，相比较于人类的千亿个神经元，当前计算机模拟的神经元非常有限。

这条路上也可以大致分为两大方向：一个方向是计算机软件模拟，就是当前我们看到的各种程序里模拟神经元的信息传递和信息处理；另一个方向就是直接制作"神经元"的硬件。2014年，IBM研发出了名为"TrueNorth"的神经元芯片，它真正从"头"开始，完完全全从底层模仿了人脑的结构，而且用普通的半导体材料就能制造出来，相应的报告已经刊发在《科学》期刊上。目前TrueNorth也在发展进化，国内有类似的寒武纪神经元中央处理器（CPU），而华为已经计划在新的手机上应用类似的人工智能芯片。

在初始版本中，TrueNorth和普通的处理器没有太多区别，它的核心区域内密密麻麻地挤满了4 096个处理核心，用来模拟超过百万个人脑神经元和2.56亿个神经突触。但这个数量与人的千亿级别神经元差距巨大。

2017年6月，国内初创企业西井科技宣布其100亿规模"神经元"人脑模拟器诞生。该人脑模拟器被命名为"Westwell Brain"（西井大脑），西井科技称其是目前公开已知的模拟"神经元"数量最多的人脑模拟器，也是目前唯一由硬件设计完成的人脑模拟器。

第二种方式就是人脑的工作方式模拟。

这种方式主要是探索人脑推理的方式，通过不同的特征来固化和程序化人脑的机制，但这需要生理学对人脑工作机制的深度挖掘。直观上来看，当前人类对人脑内在机制的研究要远远落后于对其解剖结构的研究。这也导致基于解剖结构的人工神经网络进展更快。

1.2.5 深度学习与人脑视觉机理

如果说人脑的解剖结构促进了神经网络的诞生和发展，那么人脑的一些特征和机制便能促使人工神经网络更好地工作，以及更好地解决问题。

这里我们将介绍人类的视觉原理和深度学习的关系。

时间回溯到1981年，那一年的诺贝尔医学奖，颁发给了出生于加拿大的美国神经生物学家戴维·休伯尔（David Hubel）、托斯坦·维厄瑟尔（Torsten Wiesel）和罗杰·斯佩里（Roger Sperry）。前两者的主要贡献就是发现了视觉系统的信息处理机制，这种机制最重要的描述就是：可视皮层是分级的，如图 1－8 所示。

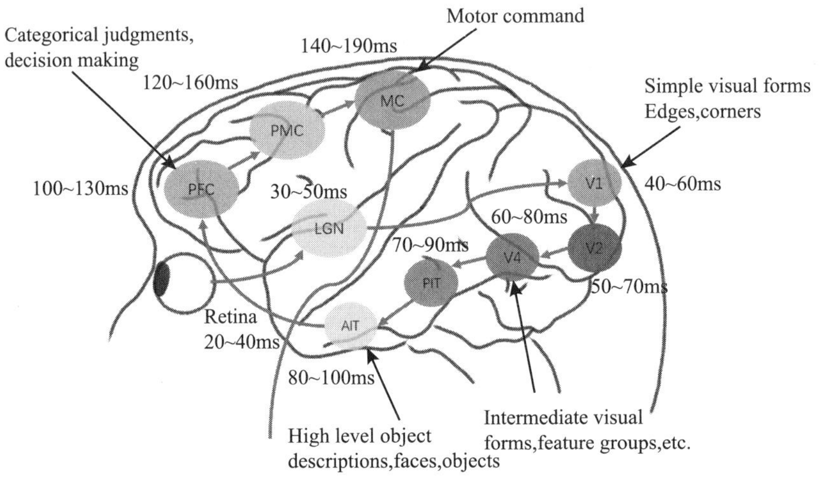

图 1－8　人脑功能分区示意图

资料来源：Simon Thorpe 网站。

他们的开创性工作开始于 1958 年。戴维・休伯尔和托斯坦・维厄瑟尔在约翰霍普金斯大学专门研究瞳孔区域与大脑皮层神经元的对应关系。在实验中，他们在猫的后脑头骨上，开了一个 3 毫米的小洞，向洞里插入电极，这样可以测量神经元的活跃程度的电信号。然后，在小猫的眼前，他们通过展现各种形状、各种亮度的物体来观察电信号的变化。特别值得一提的是：在展现任何物体时，他们还改变物体放置的位置和角度（这相当于对物体在三维空间旋转和平移）。这样，小猫的视网膜就会感受不同类型、不同强弱的刺激，然后他们可以研究电信号有什么变化。

最终在牺牲了若干只可怜的小猫后，研究人员证明一个猜测：后脑皮层特定位置的不同视觉神经元，与视网膜所受到的刺激的程度，存在某种对应关系；一旦受到某一种刺激，后脑皮层的某一部分神经元就会活跃。例如，戴维・休伯尔和托斯坦・维厄瑟尔发现了一种被称为“方向选择性细胞（orientation selective cell）”的神经元细胞，当眼睛“发现”了物体的边缘或者边界，并且当这个“特征”指向某个特定方向时，该神经元细胞就会活跃。

图 1 –9 描述了该过程，在识别物体的不同层次的时候，大脑的不同部位会产生不同的反应。这在事实上说明，人脑在处理计算机可能的困难任务——物体识别的时候，是进行了不同层次的协作：物体的不同层次特征由不同的区域来完成。

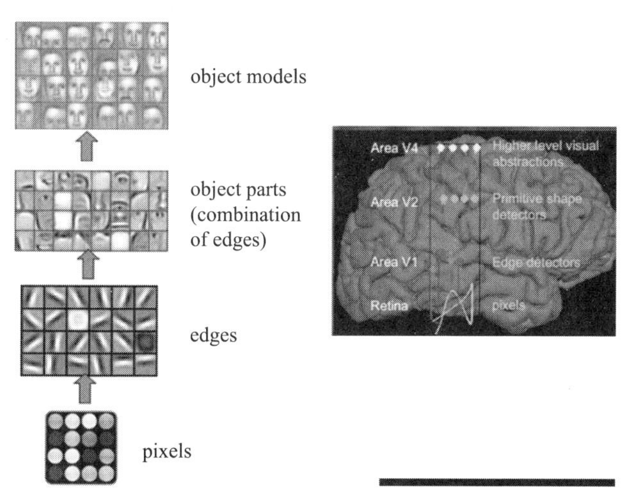

图 1 –9　深度学习逻辑示意图

资料来源：图片来自 Tensorflow 开源文档。

这样的发现激发了人们对于人工神经网络的进一步思考。将其抽象一点，神经—中枢—大脑的工作过程中，有可能存在一个不断层次分级、不断迭代、不断抽象的过程。这里的关键词有两个，一个是抽象，一个是迭代。从原始信号，做低级抽象，逐渐向高级抽象迭代。这在人类的逻辑思维上有所反映，我们的语言和交流使用高度抽象的概念，以减少信息传递，我们在说某个人的名字的时候，不必要传输给对方一个点阵图像。

我们可以把这一连串动作划分为如下几个阶段。

第一个阶段：原始信号摄入阶段，即视网膜读取像素（Pixels），转化为生物电信号，并传递到视神经中枢；

第二个阶段：初级特征提取，即大脑负责视觉的部分（大脑皮层某些细胞）发现边缘和方向（如前面的方向细胞）；

第三个阶段：更高级的特征提取，大脑负责视觉的另外一个部分，发现一些由边缘组成的子特征，例如对于人脸来说，可能是鼻子、耳朵；

……

这样的阶段不断抽象，最终大脑判定该对象或者给出决策。

该发现非常重要，它实质上推动了人工神经网络朝着深度网络发展迈出了坚实的基础。总的来说，人的视觉系统的信息处理是分级的。从低级的 V1 区提取边缘特征，再到 V2 区的形状或者目标的部分等，再到更高层整个目标、目标的行为等。也就是说高层的特征是低层特征的组合，从低层到高层的特征表示越来越抽象，越来越能表现语义或者意图。而抽象层面越高，存在的可能猜测就越少，就越利于分类。例如，单词集合和句子的对应是多对一的，句子和语义的对应又是多对一的，语义和意图的对应还是多对一的，这是个层级体系。

那么这到底和深度网络有什么关系呢？仔细观察下面两个人工神经网络结构，如图 1－10 和图 1－11 所示。第一个人工神经网络有输入层、输出层，是一个浅层结构。（L1：输入数据，L2：输入，L3：也可以认为输出层）。

而第二个，L1 是输入数据，L2 是输入层，负责处理输入数据，L4 是输出层，而 L3 则是隐藏层，这个隐藏层可以有多层类似的结构（如同把 L3 复制），这也是一个典型的分层结构，与上面视觉处理的分层来对应，我们要问一个问题：不同的隐藏层会不会就是大脑中处理不同视觉层次的“那些部分”呢？

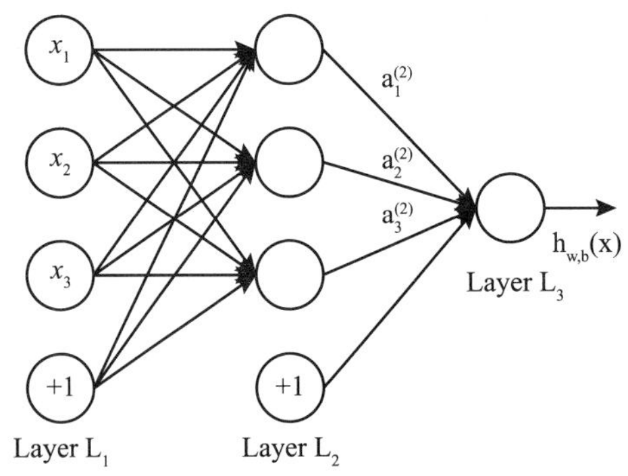

图 1－10　浅层网络

资料来源：斯坦福大学网站。

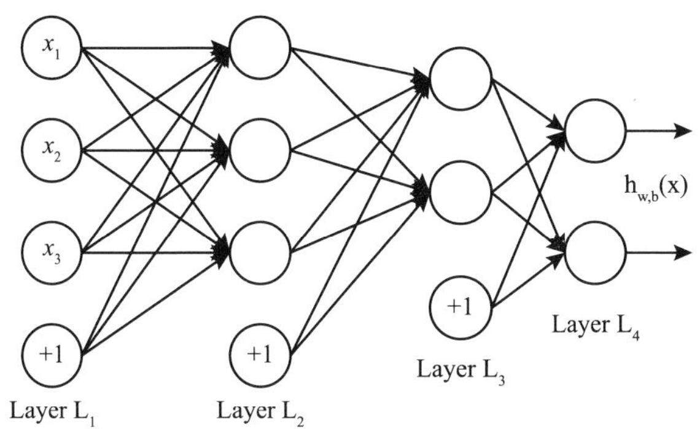

图1－11　深层网络

资料来源：斯坦福大学网站。

答案是肯定的，在1.1.3里的内容对此作了陈述，我们不再重复，这里用Google Brain计划做一个类比。

2012年6月，《纽约时报》披露了Google Brain项目，吸引了公众的广泛关注。这个项目是由著名的斯坦福大学的机器学习教授吴恩达（Andrew Ng）和在大规模计算机系统方面的世界顶尖专家杰弗登（Jeff Dean）共同主导，用16 000个处理器核心（CPU Core）的并行计算平台训练一种被称为“深度神经网络”（deep neural networks，DNN）的机器学习模型，内部共有10亿个节点，在语音识别和图像识别等领域获得了巨大的成功。这一网络自然是不能跟人类的神经网络相提并论的。要知道，人脑中可是有860多亿个神经元，互相连接的节点也就是突触数更是如银河沙数。曾经有人估算过，如果将一个人的大脑中所有神经细胞的轴突和树突依次连接起来，并拉成一根直线，可从地球连到月亮，再从月亮返回地球。

项目负责人之一安德鲁（Andrew）称：“我们没有像通常做的那样自己框定边界，而是直接把海量数据投放到算法中，让数据自己说话，系统会自动从数据中学习。”另外一名负责人杰夫（Jeff）则说：“我们在训练的时候从来不会告诉机器说：‘这是一只猫。’系统其实是自己发明或者领悟了‘猫’的概念。”

现在生理学已经发现，视觉处理的方式也是人脑处理其他感觉信号的方式，听觉、语音，甚至触觉都在某种程度上遵从这种方式，这说明深度学习在机理上可以无障碍地用于其他领域，以某种程度达到大脑的功能。可以说，这个在计算机看起来很困难的事情，在深度学习的支撑下，开始慢慢变得容易了，它变得可以“计算”了。

1.3 新一代人工智能的细分方向与技术

1.3.1 新一代人工智能技术与模型

从核心技术来看，新一代人工智能技术已经形成了完整的体系，并且还在不断发展，如同不断壮大的森林，图 1－12 给出了核心技术的一些关系图谱，该图谱随着更多研究的深入会不断扩大。而从新一代人工智能的“能力”角度来看，当前集中的领域分别是图像识别（新一代计算机视觉）、语音识别和自然语言处理，大多数应用场景是这些能力的组合。

1.3.1.1 图像识别/视频理解/计算机视觉

图像识别是深度学习最早尝试的应用领域，这里的图像识别也包括视频处理，在很大程度上也可以叫作计算机视觉，核心就是让计算机像人一样理解图像和视频。

早在 1989 年，杨立昆（Yann LeCun，现纽约大学教授）和他的同事们就开展了有关卷积神经网络（convolution neural networks，CNN）的工作。卷积神经网络是一种带有卷积结构的深度神经网络，通常至少有两个非线性可训练的卷积层，两个非线性的固定卷积层（又叫 pooling laye）和一个全连接层，至少 5 个隐含层。卷积神经网络的结构受到著名的胡贝尔—威塞尔（Hubel－Wiesel）生物视觉模型的启发，尤其是模拟视觉皮层 V1 和 V2 层中简单细胞（simple cell）和复杂细胞（complex cell）的行为。在很长时间里，卷积神经网络虽然在小规模的问题上，如手写数字，取得过当时世界最好结果，但一直没有取得巨大成功。这主要是因为，卷积神经网络在大规模图像上效果不好，比如像素很多的自然图片内容理解，所以没有得到计算机视觉领域的足够重视。

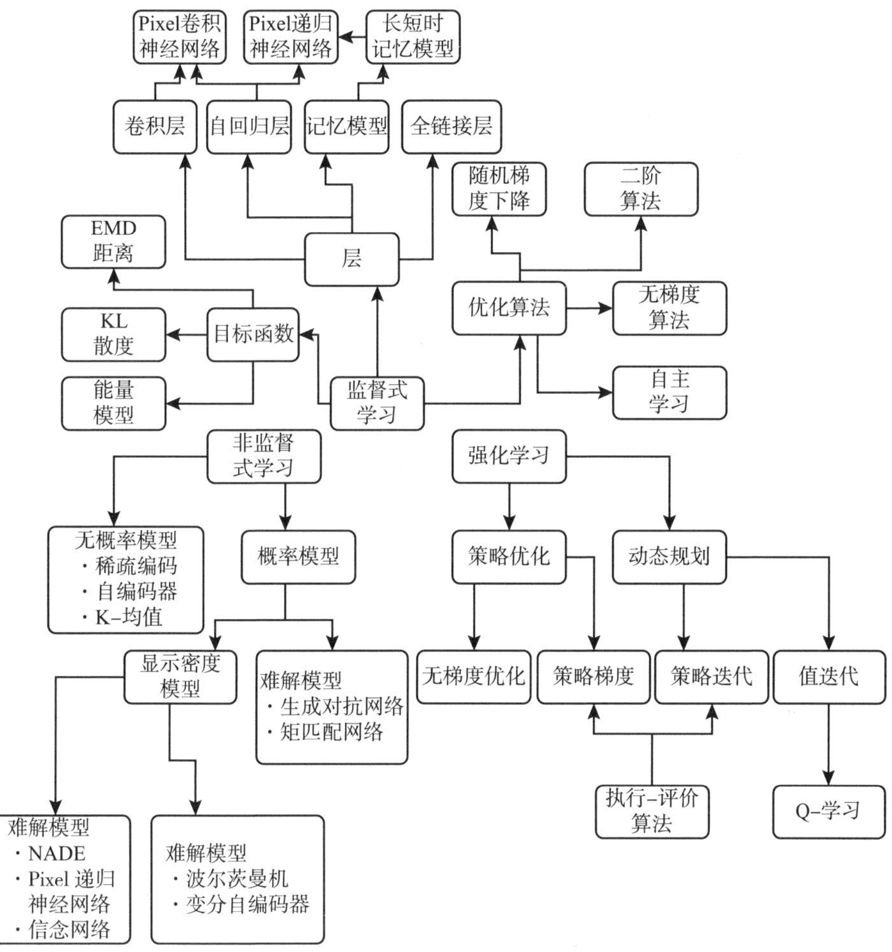

图1–12　细分技术图谱

这个情况一直持续到2012年10月，杰弗里·辛顿（Geoffrey Hinton）和他的两个学生在著名的ImageNet问题上用更深的卷积神经网络取得世界最好结果，使得图像识别大踏步前进。在辛顿的模型里，输入的就是图像的像素，没有用到任何的人工特征（见图1–13）。

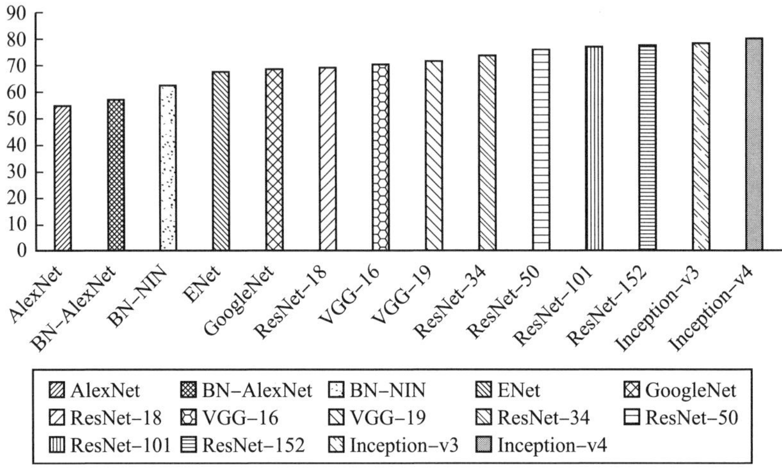

图 1-13 以 ImageNet 为例，各类网络结构的比较

资料来源：Alfredo Canziani，Adam Paszke，Eugenio Culurciello，An Analysis of Deep Neural Network Models for Practical Applications，arXiv：1605.07678.

这个惊人的结果为什么在之前没有发生？原因当然包括算法的提升，比如丢弃（dropout）等防止过拟合技术，但最重要的是，图形处理器带来的计算能力提升和更多的训练数据。2013 年，深度学习模型被成功应用于一般图片的识别和理解，这种应用不但大大提升了准确性，而且避免了人工特征抽取的时间消耗，从而大大提高了计算效率。事实上，深度学习在图像识别领域已经取代了“人工特征 + 机器学习”的传统方法。

图像识别比赛是推动深度学习应用的重要平台，以下列举了深度学习在这些比赛中的成绩，正是这不断提升的成绩，吸引了众多研究者参与，并研发出更有效的深度学习模型（见图 1-14）。最著名的图像识别比赛来自 ImageNet，这是著名人工智能科学家李飞飞教授在斯坦福大学发起并创建的①。ImageNet 吸引了众多企业和机构参与，获胜者许多已经成为人工智能领域的领军人物。

① 源于李飞飞、邓嘉在 CVPR 2009 发表的论文《ImageNet：一个大规模的层次图像数据库》（ImageNet：A Large-Scale Hierarchical Image Database），之后该数据集开始被广泛使用。

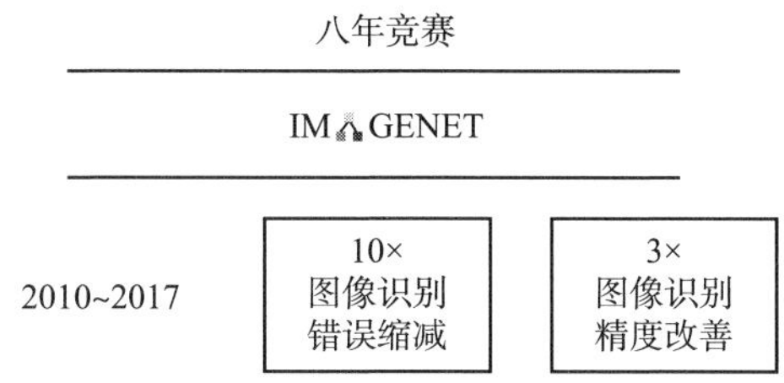

图 1－14　辉煌的 ImageNet

资料来源：ImageNet 官方网站。

- 克里什夫斯基（Krizhevsky）等人 2011 年首次将卷积神经网络应用于 ImageNet，即大规模视觉识别挑战赛（imageNet large scale visual recognition challenge，ILSVRC）中，所训练的深度卷积神经网络在 ILSVRC—2012 挑战赛中，取得了图像分类和目标定位任务的第一。其中，图像分类任务中，前 5 选项错误率为 15.3%，远低于第 2 名 26.2% 的错误率；在目标定位任务中，前 5 选项错误率为 34%，也远低于第 2 名的 50%。
- 在 ILSVRC—2013 比赛中，M. D. 泽勒（M. D. Zeiler）等人采用卷积神经网络的方法，对以前的方法进行了改进，并在每个卷积层上附加一个反卷积层用于中间层特征的可视化，取得了图像分类任务的第一名。其前 5 选项错误率为 11.7%，如果采用 ILSVRC—2011 数据进行预训练，错误率则降低到 11.2%。
- 同样在 ILSVRC—2013 比赛中的目标定位任务中，P. 塞尔曼特（P. Sermanet）等人采用卷积神经网络结合多尺度滑动窗口的方法，可同时进行图像分类、定位和检测，是比赛中唯一一个同时参加所有任务的队伍。①
- 在 ILSVRC—2014 比赛中，几乎所有的参赛队伍都采用了卷积神经网络及其变形方法。其中 GoogLeNet 小组采用卷积神经网络结合赫布（Hebbian）理论提出的多尺度的模型，以 6.7% 的分类错误，取得图形分类“指定数据”组的第一名；CASIAWS 小组采用弱监督定位和卷积神经网络结合的方法，取得图形分类“额外数据”组的第一名，其分类错误率为 11%。

---

① 多目标检测任务中，获胜队伍的方法在特征提取阶段没有使用深度学习模型，只在分类时采用卷积网络分类器进行重打分。

• 在 ILSVRC—2014 比赛的目标定位任务中，VGG 小组在深度学习框架 Caffe 的基础上，采用 3 个结构不同的卷积神经网络进行平均评估，以 26% 的定位错误率取得“指定数据”组的第一名；Adobe 组选用额外的 2 000 类 ImageNet 数据训练分类器，采用卷积神经网络架构进行分类和定位，以 30% 的错误率取得了“额外数据”组的第一名。

• 同样在 ILSVRC—2014 比赛的多目标检测任务中，NUS 小组采用改进的卷积神经网络（network in network，NIN）与多种其他方法融合的模型，以 37% 的平均准确率（mean average precision，MAP）取得“提供数据”组的第一名；GoogLeNet 以 44% 的平均准确率取得“额外数据”组的第一名。

可以看到，从 2001 年深度学习首次应用于 ILSVRC 挑战赛并取得突出的成绩，到 2014 年挑战赛中几乎所有参赛队伍都采用深度学习方法，并将分类识错率降低到 6.7%，这种趋势说明了新一代人工智能——深度学习方法相比传统的手工提取特征的方法在图像识别领域具有巨大优势，并成为主流方法。

2017 年是 ImageNet 挑战赛的最后一年，八年当中，获奖者的算法正确识别率从 71.8% 提升到 97.3%，已远远超越了人类的识别率，并证明了大规模数据集确实可以带来更好的结果，也证明了深度学习成为当前人类“图像识别”的最佳替代“智能”方案①。

这方面与金融直接的链接场景就是保险中的定损服务，通过上传图片自动确定车损价格。2017 年，蚂蚁金服推出的“定损宝”就是类似的服务。但该服务仍然还不成熟，还有很多工作要做。

在商业领域，人脸识别则是深度学习图像识别的另外一个挑战平台。人脸识别最开始使用的是浅层网络技术，准确率只能达到 70% 左右，但是随着卷积网络的引入，深度学习开始统治人脸识别：

• 香港中文大学的 DeepID 项目以及脸书公司（Facebook）的 DeepFace 项目在户外人脸识别数据库上的人脸识别正确率分别达 97.45% 和

① “ImageNet 改变了人们的思维模式：虽然很多人仍然关心模型，但也很关注数据。”李飞飞说，“数据重新定义了我们对模型的思考方式。”

97.35%，只比人类识别的 97.5% 的正确率略低一点点。DeepID 项目采用 4 层卷积神经网络结构；而 DeepFace 采用 5 层卷积神经网络结构。

- 香港中文大学的 DeepID2 项目将识别率提高到了 99.15%，超过目前所有领先的深度学习和非深度学习算法在 LFW 数据库上的识别率，也超过了人类在该数据库的识别率。DeepID2 项目采用和 DeepID 项目类似的深度结构。

当深度学习识别率达到人类水平的时候，这意味着人脸识别可以进入应用领域，从 2016 年开始，人脸识别陆续开始在安保防卫、签到打卡、车站乘车、会议报道、证件采集比对、公共安全等领域得到应用。

随着深度学习技术在移动设备中的实现，人脸识别功能也逐渐成为手机的常用功能之一，例如苹果的 iPhone X 彻底放弃了实体按键和指纹，采用人脸识别技术开启①。

人脸识别本质上是实现了另外一种“指纹”验证，也是生物特征 ID 化的一种。而这对金融影响巨大，因为金融业务需要进行鉴别和验证。

正是在人脸识别技术的支持下，基于人脸识别的支付方案开始逐渐流行起来，各种银行系统开始将人脸识别作为身份证件的有效补充和互相校验手段，通过手机 APP 和互联网进行的金融业务也开始采用人脸识别进行客户验证，不必通过后台人工处理，大幅度提升了效率。

需要注意的是，在计算机视觉领域，与人脸（face）有关的技术可以分为几个角度，他们分别是：

- 人脸检测，英文是 face detection；在一幅图像中发现人脸，从而定位到个体。通常下一步是进行人脸识别，来将个体对应于具体的人。
- 人脸识别，英文是 face recognition；即通常我们所说的，根据人脸识别出具体人，此时人脸成为类似于指纹的生物特征。由于人脸的暴露度是最高的，由此带来的深刻变革值得思考。基于深度学习的技术已经使得计算机人脸识别率超过了人类的识别率，当前研究的重点在于视频流中的快速识别。

---

① iPhone X 使用的是 3D 人脸识别，按照苹果官方说法，该技术识别率更高也更准确。

• 表情识别，英文是 emotion detection 或者 facial expression recognition。Emotion detection 是一个较广义的说法，现在表明，用于进行情绪检测的除了脸部特征外，还有行为特征、步态特征、心电图信号、脑电波信号等。

• 脸部特征点提取，英文是 facial feather points detection，是找出个体的脸部特征点。一般可以给出 5 个点（分别是双眼两点、嘴角两点、鼻子或其他为最后一点）、14 个点，甚至是上百个点。从 2015 年开始，我们中央财经大学中国精算研究院大数据中心开始考虑金融中人脸和表情的深度应用，并进行深度学习建模，当前已经形成了有竞争力的深度学习框架和快速实现的识别网络，这些网络针对金融场景进行了优化，可以快速地确定金融相关的表情。

深度学习攻克图像识别后，当前正在攻克的是视频内容理解，这在安防、教育等领域发挥了巨大作用。而视频内容理解本身对金融的链接场景要更加丰富。

• 卡尔帕利（Karpathy）等人基于卷积神经网络提供了一种应用于大规模视频分类上的经验评估模型，将 Sports - 1M 数据集的 100 万段 YouTube 视频数据分为 487 类。该模型使用 4 种时空信息融合方法用于卷积神经网络的训练，融合方法包括单帧（single frame）、不相邻两帧（late fusion）、相邻多帧（early fusion）以及多阶段相邻多帧（slow fusion）；此外提出了一种多分辨率的网络结构，大大提升了神经网络应用于大规模数据时的训练速度。该模型在 Sports - 1M 上的分类准确率达 63.9%，相比于基于人工特征的方法（55.3%），有很大提升。此外，该模型表现出较好的泛化能力，单独使用多阶段相邻多帧融合方法所得模型在 UCF101 动作识别数据集上的识别率为 65.4%，而该数据集的基准识别率为 43.9%。

• S. 基（S. Ji）等人提出一个三维卷积神经网络模型用于行为识别。该模型通过在空间和时序上运用三维卷积提取特征，从而获得多个相邻帧间的运动信息。该模型基于输入帧生成多个特征图通道，将所有通道的信息结合获得最后的特征表示。该三维卷积神经网络模型在 TRECVID 数据上优于其他方法，表明该方法对于真实环境数据有较好的效果；该模型在 KTH 数据上的表现，逊于其他方法，原因是为了简化计算而缩小了输入数据的分辨率。

- M. 巴库·切（M. Baccou che）等人提出一种时序的深度学习模型，可在没有任何先验知识的前提下，学习分类人体行为。模型的第一步，是将卷积神经网络拓展到三维自动学习时空特征上。接下来使用循环神经网络（RNN）方法训练分类每个序列。该模型在 KTH 上的测试结果优于其他已知深度模型，KTH1 和 KTH2 上的精度分别为 94.39% 和 92.17%。事实上，深度学习的应用远不止这些，但是本书只是分别从数据的维度上（音频文本，一维；图像，二维；视频，三维，增加了时间维度的信息）对深度学习的典型应用进行详细介绍，目的在于突出深度学习带来的优越性能以及其对不同数据的应用能力。其他应用还包括图像超分辨率重建、纹理识别、行人检测、场景标记、门牌识别等。

1.3.1.2 语音识别

和图像识别一样，在深度学习引入之前，语音识别也发展了许多技术，比如在描述每个建模单元的统计概率模型时采用的混合高斯模型（GMM）等，该模型由于估计简单，适合海量数据训练，同时有成熟的区分度训练技术支持，长期以来，一直在语音识别应用中占有垄断性地位。

但混合高斯模型本质上是一种浅层网络建模，有许多能力限制：（1）不能充分描述特征的状态空间分布。（2）混合高斯模型建模的特征维数一般是几十维，不能充分描述特征之间的相关性。（3）混合高斯模型建模本质上是一种似然概率建模，虽然区分度训练能够模拟一些模式类之间的区分性，但能力有限。

当深度学习引入之后，语音识别也发生了翻天覆地的变化。2009 年，微软研究院语音识别专家邓立和俞栋开始和深度学习之父杰弗里·辛顿合作。2011 年微软宣布基于深度神经网络的识别系统取得成果并推出产品，彻底改变了语音识别原有的技术框架。2012 年 11 月，百度上线了第一款基于深度神经网络的语音搜索系统。

在国际上，Google 也采用了深层神经网络进行声音建模，是最早突破深层神经网络工业化应用的企业之一。值得说明的是，Google 旗下的 Deepmind 推出的 WaveNet 在语音合成中成绩斐然。

采用深度神经网络后，可以充分描述特征之间的相关性，可以把连续多帧的语音特征并在一起，构成一个高维特征。最终的深度神经网络可以采用高维特征训练来模拟。由于深度神经网络采用模拟人脑的多层结果，可以逐级地进行信息特征抽取，最终形成适合模式分类的较理想特征。这种多层结构和人脑处理语音图像信息，是有很大的相似性的。

当前深度神经网络的建模技术在实际线上服务时，能够无缝地和传统的语音识别技术相结合，在不引起任何系统额外耗费情况下①，大幅度提升了语音识别系统的识别率。

例如流行的隐马尔可夫混合模型（CD - DNN - HMM），则比之前最领先的基于常规 CD - GMM - HMM 的大词汇量语音识别系统的相对误差率减少 16% 以上。

而在连续语音识别中，在含有 300h 语音训练数据的 Switchboard 标准数据集上对隐马尔可夫混合模型进行评测，其基准测试字词错误率为 18.5%，与之前最领先的经典方法相比，相对错误率减少了 33%。

1.3.2 自然语言处理

除了图像（视频）和语音，深度学习变革的另外一个领域是自然语言处理（NLP）。

事实上，自然语言处理自计算机诞生之初就成为了一个学科，在发展过程中除了计算机技术/算法之外，还大量融入了语言学、语法学、不同语言文化等相关学科。在经过几十年的发展后，在深度学习引入之前，基于统计的模型是自然语言处理的主流，但作为统计方法之一的人工神经网络在自然语言处理领域几乎没有受到重视——当然这里神经网络是浅层网络，如图 1 - 15 所示。

2003 年，深度学习变革了自然语言处理的第一个细分领域——语言

① 在实际解码过程中，声学模型仍然是采用传统的 HMM 模型，语音模型仍然是采用传统的统计语言模型，解码器仍然是采用传统的动态 WFST 解码器。但在声学模型的输出分布计算时，完全用神经网络的输出后验概率乘以一个先验概率来代替传统 HMM 模型中的 GMM 的输出似然概率。

模型。加拿大蒙特利尔（Montreal）大学教授本吉奥（Yoshua Bengio）等人于2003年提出用植入（embedding）的方法将词映射到一个矢量表示空间，然后用非线性神经网络来表示 N－Gram 模型。该方法当前也在自然语言处理的深度学习中使用。

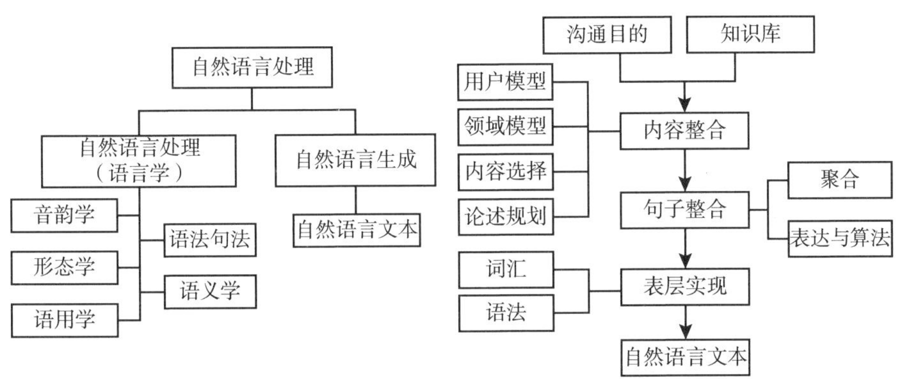

图1－15　自然语言处理体系结构（学科）

2008年，NEC美国研究院的研究员罗南·科尔伯特（Ronan Collobert）和杰森·韦斯顿（Jason Weston）开始采用植入和多层一维卷积的结构来研究自然语言处理的相关问题（主要是 POS Tagging、Chunking、Named Entity Recognition、Semantic Role Labeling 四个典型自然语言处理问题）。他们将基于深度学习的同一个模型用于不同任务，结果都取得了与业界最前沿相当水平的准确率。这其实意味着深度学习模型已经完成了对传统自然语言处理方法的替代和革新。

2014年，本吉奥团队为NMT引入了注意力（attention）机制①，该模型机制（attention model）也被引入自然语言处理领域，再一次推动了自然语言处理深度学习方法的进步。

进入2017年之后，人工智能的符号主义和连接主义在自然语言处理领域携手合作，历史性地从对立走向合作，并推动自然语言处理从静态分析走向交互探索，分析层次也从语法和浅层语义走向深层语义，甚至语

① Bahdanau, D., Cho, K., & Bengio, Y., Neural machine translation by jointly learning to align and translate. *Computer Science* Vol. 9, 2014.

用，在应用层面从面向功能实现走向以认知和情感体验主导。

这些自然语言处理技术除了在通用领域获得应用外，在金融领域的应用也存在巨大的前景。笔者所负责的大数据中心已经在金融相关的自然语言处理方面，例如情感分析、与金融相关的个性分析、金融文本处理等取得了一些成果，与通用领域相比，金融自然语言底层语法相对简单，上层关注点有差异，但这些恰恰是深度学习可以捕捉的。

在自然语言处理领域，一直有一个极具挑战的任务，那就是打破语言交流的鸿沟——机器翻译或者自动翻译①。机器翻译技术在深度学习之前，一般通过"规则"或者经典机器学习方法进行处理，需要大量的规则库支持，很难做到端到端的处理。而深度学习再一次变革了这个领域。

最初，K. 赵（K. Cho）等人提出一种基于循环神经网络（recurrent neural network，RNN）的向量化定长表示模型（RNN－Encoder 模型），并将之应用于机器翻译。该模型包含两个循环神经网络：一个循环神经网络用于将一组源语言符号序列编码为一组固定长度的向量；另一个循环神经网络将该向量解码为一组目标语言的符号序列。

但该方法因为采用定长模式，限制了其最终的效果——毕竟人类语言长度是不断变化的。

之后，D. 巴丹瑙（D. Bahdanau）等人克服了固定长度的缺点，突破了效果提升的瓶颈，提出了循环神经网络搜寻（RNN search）的模型。该模型在翻译每个单词时，根据该单词在源文本中最相关信息的位置以及已翻译出的其他单词，预测对应于该单词的目标单词。该模型包含一个运用双向循环神经网络（Bi－RNN）的编码器，以及一个用于单词翻译的解码器。在进行目标单词位置预测时，使用一个多层感知机模型进行位置对齐。

基于 BLEU 评价指标，循环神经网络搜寻模型在 ACL2014 机器翻译研讨会（ACL WMT 2014）提供的英/法双语并行语料库上的翻译结果评分均高于向量化定长表示模型的评分，略低于传统的基于短语的翻译系统 Moses，但要注意 Moses 是经典方法，本身包含具有 4.18 亿个单词的多语

① 1954 年，美国乔治敦大学在 IBM 公司协同下，用 IBM－701 计算机首次完成了英俄机器翻译试验，向公众和科学界展示了机器翻译的可行性，从而拉开了机器翻译研究的序幕。

言语料库。但在剔除包含未知词汇语句的测试语料库上，向量化定长表示模型的评分甚至超过了 Moses，此时 Moses 的大量语料库优势被降低。

循环神经网络的深度网络方法逐渐发展，新的长短时记忆网络（long short time memory，LSTM）在机器翻译中发挥了新的优势，在引入注意力机制后，彻底超过了基于经典方法的翻译方案，这也表明，深度学习在自动翻译领域进行了实质性的变革。

深度学习也推动了机器翻译的商业化：

- Google 于 2011 年 1 月正式在其 Android 系统上推出了升级版的机器翻译服务，现在，谷歌翻译已经可以在超过 70 种语言之间进行互相翻译。
- 2012 年，谷歌翻译的用户使用量大约为 2 亿次。
- 2014 年，微软的 Skype 宣布推出实时机器翻译的预览版，支持英语和西班牙语的实时翻译，并宣布支持 40 多种语言的文本实时翻译功能。
- 2016 年底，中国公司科大讯飞推出内置深度学习的机器翻译系统的翻译机器，可以即时对语言进行翻译，并读出翻译后的目标语言，在一定程度上可以作为旅游的辅助工具。
- 2017 年，网易有道也推出了“翻译蛋”，可以对自然语言进行即时翻译。
- 2017 年，谷歌推出 Google Pixel Buds，这是一款与 Google Pixel 2 智能手机配套的无线耳机，该耳机佩戴后，可以根据要求，即时将外界听到的语言进行目标语言的翻译，达到即时交流的目的。
- 当前 Google 翻译已经完全基于深度学习实现，其翻译效果在一定程度上已经媲美专业人工翻译，支持 90 种语言之间的互相翻译，包括阿拉伯语、英语、法语、德语、汉语、西班牙语等在内的所有热门语种。

各个互联网公司对其的商业改善如图 1－16 所示。

可以看到，深度学习在自然语言处理上取得的进展也一样令人激动。

一个很有意思的问题是：相比于声音和图像，语言是唯一的非自然信号，是完全由人类大脑产生和处理的符号系统，但模仿人脑结构的人工神经网络[①]（连接主义）是否在处理自然语言上有更明显的优势呢？

---

① 实际上，只能说模仿了神经元的一些机理，但是对于人脑的功能和结构，我们仍然不清楚。

时间	公司	神经机器翻译（NMT）改善	架构	特点
2016年9月	谷歌	GNMT	Tensorflow	提出“注意力编码-解码网络”模型
2016年11月	微软	无技术细节披露		
2017年5月	脸书	Fairseq	Torch	使用CNN代替RNN
2017年6月	谷歌	Transformer	Tensorflow/Tensor2 Tensor	仅基于NMT
2017年7月	亚马逊	Sockeye	MXNet	

其他参与神经机器翻译研发的公司包括：IBM、英伟达、SYSTRAN；
中国公司包括：百度、网易—有道、腾讯、搜狗、科大讯飞、阿里巴巴。

图 1－16　翻译架构

1.3.3　深度网络的自身探索和理论发现

深度网络使用的训练方法本质上还是反向传播算法（杰弗里·辛顿，1986），同时过多隐含层使得神经网络的工作机制如同一个黑箱，这使得探索深度网络自身的特征以及其性质被称为未来深度学习最重要的方向之一，如图 1－17 所示。

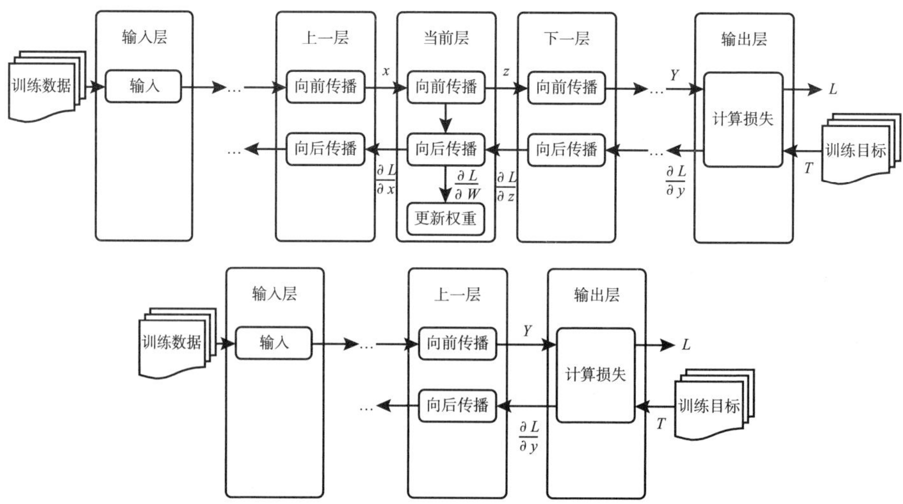

图 1－17　深度网络和反向传播算法工作原理

最近，杰弗里·辛顿本人在接受采访时，也表示深度怀疑反向传播，并且建议人工智能领域的学者放弃反向传播的研究，继而重新开始，他说：我不认为这表明了大脑是如何工作的，我们显然不需要所有的标签数据。

而另一位深度学习的泰斗级人物，Facebook 的人工智能研发主管杨立昆则认为：你可以从生物学中获取灵感，但你并不想简单复制。从工程角度来看，溯源进化过程将会异常困难。

总之，反向传播算法仍然在工程领域大量使用，虽然未来的研究方向不够明晰且存在争议，但是探索仍将继续。

本书的后续章节中将具体介绍新一代人工智能和大数据以及围绕这些的新技术在保险业中开展的一系列尝试与应用，希望借此推动保险业的新一代人工智能发展，由此促进整个行业的未来变革。

第2章 保险科技现状与趋势

众多科技可以被应用于保险领域之中，这些科技的应用随即带来了保险和科技的融合，也就是我们常常听说的保险科技（instech）——可以认为保险科技是金融科技（fintech）的一个分支。

这种融合产生了新的应用场景，将保险业的发展推向一个全新的高度。本章主要从宏观角度探讨保险和科技融合的现状和趋势。

2.1 挑 战

科技会对许多行业产生挑战，只有我们对这些挑战有了深刻的了解，才能深刻理解科技对保险的变革所在。

我们从几个角度来看待当前保险行业面临的挑战，这些挑战主要来自机器学习和新一代人工智能的深度学习方法。

2.1.1 传统保险精算模型面临的挑战

当前保险精算的模型已经在行业普遍使用，这些模型以及以这些模型为基础的其他模型是否能够被人工智能或机器学习所取代或改进呢？如图2-1所示。

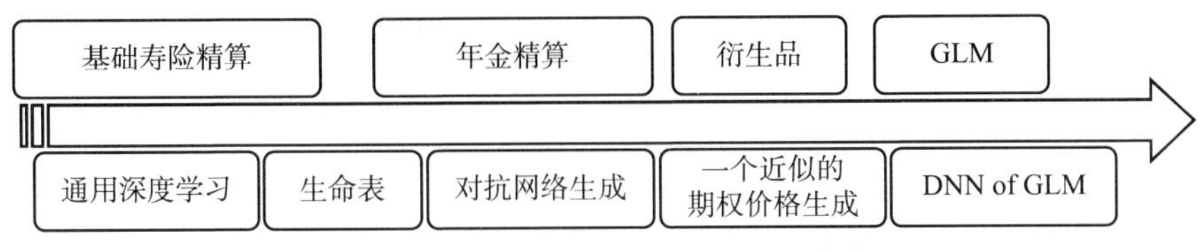

图 2－1　模型正在被深度学习取代的方向

现在看来，这个问题的回答有极大的可能性是肯定的。无论是保险中的金融模型还是精算中的定价模型，都可能在大数据的背景下被改变、增强或者调整。因为从本质上来说，这些模型是从数据中统计规律，并进行集成或者抽象的提升，那么对大规模数据使用一些机器学习或深度学习的方法，就一样可以完成目标的获取和模式的识别。尽管我们尚且不能够做到完全使用人工智能技术完成整个建模与修正的过程，但至少新一代人工智能技术在上述收集与识别的过程中是可以发挥作用的。

更广一点说，从保险学到金融学，可以发现金融学诸多推理和应用是基于“有效市场”理论，经济学的许多理论来源于“理性人假设”，并在这些“假设”上利用数学推理构建了宏伟大厦，但显然许多迹象表明，这些假设存在问题，由此产生了行为金融学等。在此方面，大数据和人工智能则可以发挥意想不到的作用。当新的情况发生，大数据中的信息可以对该情况进行捕捉，基于机器学习和深度学习的方法可以提炼特征，这在一定程度上可以弥补由于“假设”偏差导致的“风险”。

2.1.2　保险业务模式被智能化替代（计算以外的能力被替代）

就目前的发展趋势来看，保险业务模式被智能化替代的进程正在加快，这是因为智能化服务模式已经从技术成熟转向了现实中的成功应用。以人脸识别与文字识别为例，在技术成熟后被投入众多领域进行实践应用，取得十分喜人的成果证明了应用这些技术的可行性。因此保险业如果考虑使用这类已经过实践检验的技术来替代人工服务的一些步骤，其进展的加速将是毋庸置疑的。

可以想象，会有其他成熟的智能化解决方案快速地融入保险当中，使保险业务的许多环节发生变化，这种变化主要是取代传统的人力劳动。在历史上，计算机技术更主要替代“人所并不特别擅长的计算”，但当前的趋势是人所擅长的“其他的能力”也正在被取代，这是保险业务模式被挑战的根本原因。

2.1.3 行业监管存在更多智能化可能

从某种程度来说，监管也是一个反馈—调整—反馈的过程。

在这个过程中，机器学习可以被用来进行更有效的监管，这些监管也是基于大规模数据的，同样会大幅度降低人力的使用率。监管过程中会有许多数据的交流以及大量历史数据的存储，这些数据通过使用机器学习技术可以进行特征的抽取、模式的鉴别以及风险的预判。这些信息不必再经过人为获取和人工整合，就可以直接用来进行监管，同时还能够进行市场的监测。

可以想象，在这种模式下，监管在某种程度上会变得更加自动化、更加智能化、更加以数据化为导向。宏观审慎监管、微观监管，以及行为监管，都可以在不同层面上互相支持；甚至在一些特定的人工智能的支撑下，政策可以被先行检验，压力可以被先行确定，极端风险可以被先行预测和控制。

2.1.4 数据价值存在巨大空间挖掘

尽管保险行业有大量的数据且数据格式非常规范，但是整个行业利用数据的能力仍然欠缺，这是人工智能或者机器学习所能够施展才华的地方。

受到传统业务模式的限制，大量保险数据在企业中的应用只是为了支撑这些业务中的既定模式，而没有被考虑衍生新的价值，这个过程在当前是可以被改变的。实际上随着保险市场竞争越来越充分，以及随着中国市场逐步开放，保险企业必然要开拓传统业务以外的新业务，衍生新的价值，以保持其强大的竞争力。就像许多成熟的行业一样，这些新的价值大部分都来源于数据，或者需要数据的支持，而该过程中新一代人工智能技术的介入是必不可少的。

2.1.5 从具体应用场景看

保险的定价、保险理赔新产品的设计，以及相应的客户关系的维护、客户价值的挖掘，和特定产品的智能推荐，都离不开人工智能技术的应用。这也是当前很多互联网巨头依赖于其所擅长的用户黏性，快速进入保险领域并获得承认的一个重要原因，众安保险的成功便是一个典型的例子。本质上来说，“流量 + 数据 + 人工智能”的新模式可以挑战任何既存的业务模式。

保险以外的银行领域，网上业务以及相应的理财智能推送，相应的金融助理、信贷审核，以及信贷申请人的信用分析等，都可以大量使用机器学习技术。银行的一些客户服务，例如客户鉴别、欺诈识别、关键语音记录分析等，也都可以用人工智能技术替代。

挑战也就是机遇，对于企业来说就是机会，将保险与科技融合的保险科技已经成为投资市场的宠儿。

2.2 不同保险种类中的数据和智能应用场景

保险，从法律和经济学意义上来看，本质上是一种风险管理方式。它被定义为通过缴纳一定的费用，将一个实体潜在损失的风险向一个实体集合的平均转嫁的风险管理手段。换句话说，就是一旦加入某个团体，便自动遵循了“一人有难，大家平摊”的原则，是一种以货币形式平摊的社会风险转嫁机制①。

现代的社会保险制度是由 19 世纪德国的铁血宰相奥托 · 冯 · 俾斯麦为了与社会主义运动争夺工人阶级而首先创建的，此后的欧洲各国也纷纷效仿，今天已经成为维护现代社会正常运转不可缺少的一环。下面将依据不同的划分标准，介绍保险的不同类别，并依据不同类别分析保险科技的

① 这种形象的形式说明互助保险更适合一些。

可实施性。

2.2.1 按照实施方式划分

按照实施的方式划分，可以分为自愿保险和强制保险。

（1）自愿保险是保险人和投保人在自愿原则基础上通过签订保险合同而建立保险关系的一种保险。

（2）强制保险又称为法定保险，是以国家的有关法律为依据而建立保险关系的一种保险。

很明显，强制保险依托于法律，从数据搜集角度来看，我们在前面所提到的保险科技更容易在强制保险上实施。同时，强制保险通常有着较广的覆盖面，在推动过程中，大数据的分析技术以及机器学习技术有一定程度的实施动力。

因此，笔者认为政府和监管部门应该充分利用大数据技术和人工智能技术来支撑强制保险的数据智能化，推动监管升级，以市场驱动监管科技的进步。

2.2.2 按照承保模式划分

在此标准下，保险可以分为原保险、再保险、共同保险、重复保险。

（1）原保险就是直接和投保人签订保险合同，对保险标的进行承保。原保险公司由于规模大小和市场占有率大小的不同，其数据积累是不同的，但是基本上所积累的客户都能够反映服务客户的基本特征。但从目前的调研情况来看，原保险公司对数据的利用非常有限，客户数据的挖掘能力有待于进一步提升。

（2）再保险是一方保险人将原承保的部分或全部保险业务转让给另一方承担的保险，即对保险人的保险，又称分保，分出再保险业务的人称为分出人；接受分保业务的人称为分入人，它是保险人将其承担的保险业务以承保形式，部分或全部转移给其他保险人的行为。再保险公司数据积累比较丰富，但再保险公司的数据网络关系挖掘能力还需要提升。

（3）重复保险是指投保人对同一保险标的、同一保险利益、同一保险事故分别同时向两个以上保险人订立保险合同，其保险金额之和超过保险价值的保险。其条件为保险标的相同、保险利益相同、保险事故相同、与两个或两个以上的保险人签订保险合同、保险期间相同、保险金额之和超过保险价值。

（4）共同保险是指多个投保人共同承保某保险标的，一般该保险标的损失一旦发生，数额巨大。例如典型的火箭发射保险、核电站保险等。

2.2.3 按照保险主体划分

在此标准下，保险可以分为个人保险和团体保险。

（1）个人保险。个体保险的投保人为自然人。个人保险涵盖了人身保险、财产保险。个人保险的个体风险测度是保险业务开展的基础，在此过程中，相关的保险科技有较大的空间。

（2）团体保险是以集体名义使用一份总合同向其团体内成员所提供的保险。目前大多数团体保险保单都没有进行特定的数据隐私权的约定，同时，团体保险也较少利用数据进行特定人群的特征分析。

2.2.4 按照保险标的划分

在此标准下，保险可以划分为人身保险、财产保险、责任保险和信用保险。

（1）人身保险是以人的生命或者身体作为保险标的的保险。它包括人寿保险、健康险和意外险。

在人寿保险定价中，生命表是核心定价元素，它用来预测人的“死亡”概率。在过去数百年，生命表一直通过人口统计的方法，从国民数据、保险公司历史数据中获得，但是由于人口的寿命会随着时间逐步增加，使既往数据获得的生命表，往往不能反映“投保人”未来的情况，这给保险公司带来“风险”，即长寿风险。在此过程中，大数据和人工智能技术能够发挥巨大的作用，在某种程度上是颠覆既往的定价模型。我们从多方面进行了多种尝试，具体在第 3 章进行详细介绍。

在健康险定价中，状态转移矩阵是重中之重。状态转移矩阵包含了从健康状态到患病的概率、从患病到恢复健康的概率，或者从患病到死亡的概率。事实上，这是对人体健康变化的趋势和概率的捕捉。通常我们认为这种捕捉太过于理想化，并不能很好地反映现实状况。但是随着人工智能、基因测序、生理机制研究等研究的深入，这个问题正在慢慢被改变，基于人工智能的疾病诊断在一些病例上超过了人类医生，同时对人的死亡率和患病率的预测也在不断地提高准确率，这些都是健康险中应用的基础，我们也在第 3 章介绍一些基于数据和人工智能的健康险例子。

意外险针对的情况是意外伤害，这方面基于场景的人工智能化风险分析系统，已经成为一些金融巨头的研究焦点，它综合利用人工智能化的技术，实现的是风险预判和措施优化，这方面相信很快会有深入的研究和应用。

（2）财产保险是以财产及其相关利益为保险标的的一种保险。财产保险具体到标的层面，涉及各种物品和技术。尽管财产保险的保险标的繁杂多变，但是这也给保险科技的应用提供了很多场景，例如：

a）农险中的气象灾害损失。

评估人员可以通过无人机拍照，通过广义线性模型，或者深度网络技术或者机器学习的支撑向量机等进行定损，而不必进行人工测量，更有甚者这个过程可以固化到移动端进行，使索赔和核赔变得简单迅速。

b）车险中的车联网技术。

车险中车联网技术开始普及，车险费率改革给予保险公司更多自主权也使车险个性化定价成为可能。当车联网搜集的数据足够多的时候，传统的广义线性模型（实际上是一层的神经网络）就不能够得到较好的结果，而必须使用其他机器学习技术辅助或者使用深度学习技术，本书第 4 章将介绍我们的一些相关研究工作。

c）其他财产保险。

尽管相对于车险，其他财产保险规模较小（数量小，不一定数额小），但是对这些数据的处理常常给保险公司带来额外的价值。例如通过关系分析、决策分析，可以找到一些优化的组合风险模式，这为保险公司安排分公司地点、平衡公司现金流、保单之间的关系管理等提供有意义的借鉴。

2.3 保险公司业务中的数据和智能应用场景

在保险公司运营中，涉及的业务包括营销、核保、定价、核赔等一系列流程，在这些流程中，有大量的数据沉淀，同时也有大量的人工智能化应用场景，因此从各个流程入手探索保险科技的具体应用显得极具现实意义。

2.3.1 依据流程分解的保险智能应用场景

2.3.1.1 营销方面

营销是保险公司业务的入口。当前保险公司的竞争已经从渠道过渡到了线上，几乎每家保险公司都有自己的网上渠道，但根据互联网经济特征，用户基数迅速变大的同时也带来了极大的用户易变性，而由此带来的极少的用户黏性，使线上竞争非常激烈。

需要特别注意的是，因为保险公司面临着从线下到线上的转型问题，线上有效入口就是最核心的资源，但保险公司通常并没有自己的入口，大量的入口都集中在 BATJ（百度、阿里巴巴、腾讯和京东）这些互联网企业手中，所以使保险公司线上业务拓展难度增大。

即使把握住了入口，保险公司也普遍存在着线上感知差异的问题。这是因为保险公司通常依赖于通过经纪人和代理人与投保人沟通交流，所以在售卖保险时依靠的是人对人的沟通，售卖方可以依据投保人的语言和表情及时调整自己的报价来获取投保人的“兴趣”，这个过程依赖于售卖人员的经验。但是在线上，一方面直接交流（文字）很少，更不用说凭借视频和语音进行调整；另一方面，用户感知通常是在迅速变化的环境中捕捉到有用的信息，这要求保险公司能够根据市场情况即时动态来调整价格，最大概率捕获大部分的关注，虽然该技术在电商领域应用已经成熟，但是由于业务习惯和线下惰性累计，保险公司掌握的还较少。我们将之称为“线上感知误差”。

这个差距被改写的机会就在于数据和智能。事实上，基于用户画像的动态捕捉、基于文字和习惯的情感捕捉、基于多维度信息的定位捕捉都依赖于大量的数据，保险公司在营销中充分利用这些核心数据，这些人工智能技术的引入与迭代，势必发挥重要作用。

2.3.1.2 核保方面

结合不同类型的保险，一些工作可以交由人工智能完成或者由人工智能辅助人工来完成。例如健康险中的病情分析、个人的信用分析、公司的信用状况等，都已经有人工智能应用的场景。

2.3.1.3 定价方面

本质上精算定价是基于数据的统计分析。深度学习是通用逼近器，一定程度上可以代替精算模型，更重要的是，精算模型是个封闭的模型，当引入过多参数时需要更多假设关系；而在大数据的支撑下，深度网络和高级的机器学习技术可以自主获取数据特征，并得到损失的情况，我们在后续章节将对此进行详细介绍。

2.3.1.4 核赔方面

在这个方面非常典型的应用就是车险的定损。2017 年 6 月 27 日，蚂蚁金服在北京召开“定损宝”发布会，首次将深度学习图像技术应用于车损定价场景中。蚂蚁金服保险事业群总裁介绍说，“定损宝”工作的过程和传统模式下的定损员很类似，但它应用了深度学习图像识别和计算机视觉技术，通过云端的服务算法来代替人识别事故照片。在演示中，它与保险公司连接后，只需要几秒钟就能给出相当准确的定损结果，包括受损部件、维修方案及维修价格。当前“定损宝”App 已经可以在各大应用商店进行下载使用。每年 4 500 万件的私家车保险索赔案中，“定损宝”能覆盖的纯外观损伤案件占比约在 60%，以每单案件的平均处理成本 150 元计算，“定损宝”有望每年为行业节约案件处理成本 20 亿元。

事实上，在定损核赔中，这只是一个开始，可供研究人员进一步想象的空间很大。

2.3.2 保险欺诈中的大数据和人工智能

随着保险的发展，识别保险欺诈逐渐为保险公司所关注：保险欺诈不同于逆向选择和道德风险，实际上属于合同违约，是违法行为。但是保险欺诈的规模一直随着保险市场的扩大而增加，这是世界保险业发展的“规律”，根本原因在于：当识别保险欺诈的成本超过识别保险欺诈获得的益处的时候，保险公司没有动力去识别——也没有必要去识别。另外，保险公司业务的迅速上升，使得每张保单的保险欺诈概率下降，其识别的期望成本上升。

所以，如果单纯依靠人力去识别保险欺诈，是几乎不可能完成的任务。在这方面，大数据和人工智能将发挥巨大的作用，我们从几个角度来说明这一点，并强调这是保险欺诈识别的趋势。

第一，规模化的数据提供了识别保险欺诈的最好“素材”。

当前各类大数据工程技术使大数据统计不再成为障碍，例如：内存外的数据统计等。而保险欺诈的样本所蕴含的特征，可以通过对大规模数据的搜索和匹配来获得“类似”的“可疑对象”，进一步通过人工识别大幅度降低全程人工参与的可能性。该方向的两类处理方式如图 2－2 和图 2－3 所示。需要说明的是，这里面特征抽取、数据驱动都依赖于机器学习的方法，而采用动态的数据驱动，还需要大数据的工程架构做支持，如 Mapreduce 等。

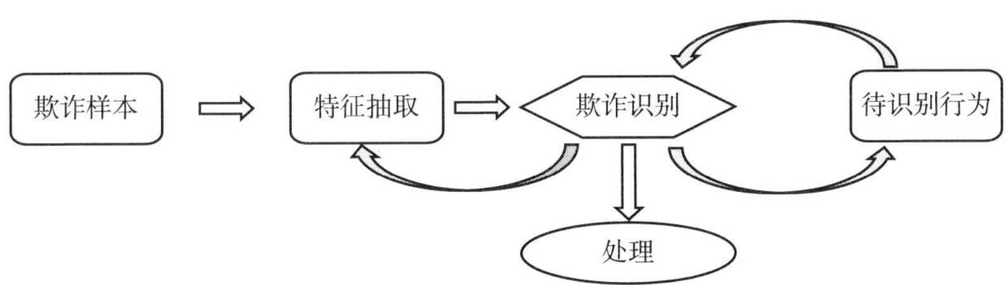

图 2－2 独立式大数据欺诈识别逻辑体系

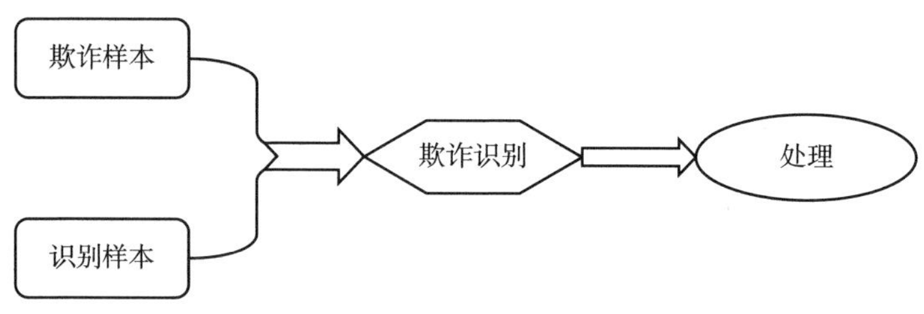

图 2-3　数据驱动的动态欺诈识别逻辑体系

第二，人工智能的技术可以在一定程度上进行欺诈识别的业务组合。

实际上这在某种程度上是由人力资源的角色限制决定的。一个负责精算岗位的人员，如果他没有足够的责任心（事实上也不能要求有这样的责任心），他没有义务去识别某张保单的欺诈，即使他掌握了一定的信息，但对于客服人员或者其他人员，只是在做重复角色要求的工作，其没有精力也没有动力去识别欺诈，这就决定了保险公司需要设立专门的角色来处理该项事物。但问题在于，有许多业务其实是多维度信息的融合，例如保险欺诈可能会同时在语音、图像、签字、投保等角度有异常行为，这些行为没有被既有的保险公司数据系统记录，也就无从进行后期捕捉。而如果接触的每一个角色都是有复合目的的，并且同时在多个角度接触这个“欺诈行为”，那么他很有可能能够识别出来，如同我们长期接触一个人，总会发现他一些“异常的行为”。所以从这个角度来说，人工智能具有很大的优势，其可以“不辞劳苦”地进行这项任务，从而有效地识别保险欺诈。

第三，背景数据分析和智能跟踪是未来保险欺诈识别的方向。

这里的背景数据实际上已经是大数据层面的“相关”数据，这些数据不仅仅限于保险公司的数据，而且是互联网的“域外”数据。通过数据分析和痕迹比对，大量的保险欺诈都可以被追踪并被记录。

第四，通过人工智能实现保险欺诈识别经验的沉淀。

这样做的好处是避免依赖特定人员的经验，而将这种专业知识通过深度学习沉淀为自己的知识产权，甚至可以通过法律进行保护。

第五，人工智能可以助推欺诈识别后的智能决策。

在一个规模化的公司，决策自身是一个超高维映射的过程，人工智能可以实质地建立起来并成为决策的助手，这条路虽然很长，但是将会成为未来最具实用价值的方向。

我们将在第 5 章，介绍通过人工智能技术进行保险欺诈识别的研究。

同时，客户服务的智能问答，专业问题的解答，保险合同的自动判断，保险舆情的分析和情感探索，甚至更多智能健康、养老、金融助理等都是人工智能和大数据应用的具体场景。

2.4 保险科技发展的障碍

尽管我们看到保险行业已经有一些大数据技术和人工智能技术的应用，但是在诸多方面还需要推动和更深层的认识，造成这种局面的原因是多方面的。

2.4.1 人才原因

笔者学数学出身，在读书时做过兼职计算机教师，正式工作后从事金融研究，深刻感觉到计算机技术和金融知识之间存在着很大“距离”，这个距离在于，各自形成的圈子之间交流很少，金融的人士谈论计算机时更多的是通过新闻或者畅销书，而并不了解实际的技术；同样计算机人士谈论金融也局限于银行和一些热点事件。这现象导致在金融企业中，管理者大多数是金融出身，或者是金融出身的话语权更大，这导致决策者很难深刻静心地去了解计算机技术、大数据技术和人工智能技术，更多的是充当“畅销书”专家，而没有真正地捕捉到和企业自身结合的“落地点”。

2.4.2 行业惰性和智能抵制

金融行业一直以来是热门行业，无论是盈利角度、融资还是薪酬角度。这导致金融行业很难主动去引入新的技术，更何况尽管大数据技术和区块链技术是提高效率的，但人工智能技术的引入却会代替一些人员，引起“失业”，这本身也会引起一些抵制。例如：银行业的“信审员”由于银行引入大数据技术，而逐步缩减规模；而华尔街的巨头摩根大通宣布了一个有意思的信息，该公司即将使用全球首创的机器人来进行他们的全球股票算法交易。摩根大通之所以敢于做出这样的尝试，正是因为他们早就在欧洲利用这一新人工智能项目尝到了甜头。

2.4.3 行业封闭特征

行业封闭特征体现在，保险行业尽管属于金融行业，但整体上和实体企业相比，上下游产业链较小甚至没有，这导致产业链上的技术升级对其自身影响非常小。同时传统意义上的互联网模式的兴起虽然给传统保险公司带来了一些冲击，但是仍然没有构成实质性的挑战，这使保险公司整体管理层对人工智能化的影响认识不足，或者心存侥幸。

2.4.4 机制限制

保险本质上是社会稳定剂，是为经济发展保驾护航的工具之一，国家政策对保险的定位也是保险姓“保”，这使保险公司创新面临一定的政策风险，需要和保险监管创新一起才能平衡。

2.4.5 数据资产利用能力不足

正因为保险企业的以上特征，以及其核心资产的数据挖掘没有充分发挥价值优势，使互联网企业可以染指这一行业。事实上，互联网企业有同样的数据优势，而且是多维度、有黏性、有品牌体系的数据，在此数据上实现定价、核保、服务是水到渠成的，未来我们会看到更多互联网企业进入保险领域。而这些互联网企业因为更“懂客户”，更能充分挖掘数据价值，更明白人工智能的优势，所以其相应的产品也会更受欢迎。例如，2017 年 9 月 28 日，众安在线财产保险股份有限公司正式在港交所上市，招股价为 59.7 港元，开盘大涨 15%，报 69 港元。本次发行 19 930 万股股份，筹资 15 亿美元。众安提交的招股书显示，按发售价 59.70 港元计算，公司的股份市值将达到859.63亿港元。[①] 这家互联网保险公司从成立到上市仅仅用了4年的时间，特别值得一提的是，尊享e生医疗保险迅速成为市场明星，从产品特征来看，就是充分利用互联网企业对用户画像和需求的把握，解决了很多老百姓购买保险产品的痛点，值得传统保险公司思考。

这也是典型的基于信息从而在一定程度上进行风险个性化的思路。这类信息其实是间接获得的生理指标，并在实践中得到使用。它可以统一归类为动态定价或者精准定价。可以认为，动态风险定价就是利用足够多的信息来获得个性化风险的定量化描述和刻画，在保证稳健的同时，根据风险特征的变化规律进行调整，其关键的三个因素就是：数据与信息、风险刻画和动态技术。其中数据和信息决定了动态定价的基础，传统的数据和信息常常局限于结构化数据，但在大数据时代，数据的范围已经从结构化数据扩展到了非结构化数据，所涉及的数据维度也大幅度增加；当数据和信息的基础发生变化后，传统的风险刻画技术就需要进行变革，例如从线性方法过渡到非线性方法，从传统的精算技术过渡到机器学习和精算融合的技术等；最后是前两者充分融合精准地提供定价服务，这就要求具有极高的动态性和稳健性。

可以看到定价中的核心步骤风险刻画是链接数据和服务的核心。实际上传统保险公司局限于将其限制于保险产品设计中，但对于客户来说，其风险刻画用于健康领域则是风险量化，甚至绝大多数医学其实都是对人类的健康风险进行量化并进行干涉（治疗）。从生命质量角度来看，保险产品的服务过程中涉及客户的生命质量[②]，但同时保险产品理赔结束后的风险处置、没有发生风险之前的健康管理都涉及生命质量，如果把保险的本质定位于“提升客户的生命质量”，则保险公司应该将其范围扩展到健康风险的预防和健康风险的处置中，即保险公司无论从生命质量理论还是知识经济理论视角出发，都不应该是选择健康人群作为公司的客户，而应该是让公司的客户变得更健康！

---

① 资料来源：Wind数据库。

② 张宁：《通用生命质量框架》，生命质量研究会2018年度报告。

下面几个例子展示了在健康管理中大数据技术和人工智能技术的应用，它们可以与保险公司的业务充分融合，帮助保险公司控制承保风险或者提供增值服务等。

2.5 保险科技发展战略规划

对当前国内的保险公司来说，保险科技大约分为三个大的方向，分别为大数据技术、区块链技术，以及人工智能技术。我们认为，这三个方向都是保险公司需要密切注意，并根据自身情况逐步引入的。甚至说，是否引入保险科技技术、如何有效地引入保险科技是决定未来保险市场/金融市场位置的关键因素。

2.5.1 大数据技术

毫无疑问，保险公司必须从现有的模式过渡到大数据战略。保险从诞生之初就是与数据密不可分的，但正因为长期习惯如此，保险公司反倒更难意识到大数据的重要性。换句话说，行业变革以及信息技术革命进一步推动数据从基础精算领域扩展到公司经营的各个方面，不同类型、不同结构、不同尺度的数据交互形成的大数据资源是当前和未来企业经营的新的倚重点，某种程度上数据应用效率和数据应用创新将成为企业新的比较优势和竞争力！

根据我们的估计，大部分保险公司的数据规模已经过渡到 100TB 以上，但实际上主要使用的数据量，每天平均不到 1G 的规模，即保险行业已经有完善的记录系统，每天仍然有上 T 的数据没有被记录或直接被舍弃，从大数据战略角度来说，这是一个巨大的损失。这其中原因如下：

第一，正因为一开始就依赖数据，所以数据系统自身升级障碍较大，从一开始就没有建立一个可以扩充的、可以分布的、可以云链接的数据体系。

第二，保险业务角色限制明显，使数据跨业务流动和挖掘变得困难，如果公司高层不推动，往往数据在业务层面进行了“无效沉淀”。

第三，保险公司管理人员大多是金融背景，对大数据战略的感触和理解远远不如互联网企业。

大数据给保险公司带来的变革，实际上是保险公司重新对公司价值定位的过程，数据价值主导的公司价值定位已经在行业内兴起，每家保险公司需要思考以下几点：

第一，公司自身的数据价值驱动模式，该模式应该与公司现有的数据流向图、数据价值图、数据关联图等特点有关。

第二，数据驱动的管理和发展战略问题，例如互联网金融/保险的创新方向等。

第三，数据驱动的管理模式、产品创新以及服务创新，并对数据价值的发展路径进行框架规划，即关注项目研究中企业切实的问题，也关注企业未来发展的问题等。

对于大数据，我们认为它的影响在不同行业和不同企业的进化途径不同，影响的扩散周期也不同，对于金融类企业来说，大数据集合智能技术、区块链等会在 5 ~ 10 年左右的时间颠覆既有模式；而对于保险企业来说，我们认为这个窗口期会更短一点，不会超过 5 年，这是源于保险业本就是风险经营，而风险经营的好坏本身就依赖于数据。在此大背景下，每家保险公司有必要抓住这 1 ~ 3 年的窗口进化期，形成数据驱动的价值创新模式，提升企业的核心价值和竞争能力。

2.5.2 区块链技术

第 5 章介绍了我们在区块链方面的一个研究，给出了完全基于区块链和智能合约的互助保险，该区块链应用已经进行了内测，并带来了较好的结果。但公司经营和学术研究不同，其引入的区块链需要和公司自身的价值进行匹配，不是区块链改变了公司，而是公司利用了区块链。因此区块链带来什么？如何引入？目标是什么？是关键的问题。

保险征信是一个区块链直接应用的场景。2017 年 3 月 28 日，上海保交所首攻“保险征信”，联合陆家嘴国泰人寿、北大方正人寿、友邦人寿、中国大地财险、民生人寿等 9 家保险机构参加区块链数据交易技术验证，借助区块链安全性、可追溯、不可篡改等优势，致力于解决保险业在征信方面长期存在的痛点、难点。

保险业务拓展也是一个应用场景。事实上，区块链不是一种虚无缥缈的资本热，是真实可以操作的，除了我们做的实际研究已经运行了 2 个月外，还有：一家保险代理公司与脸书公司进行合作，借助聊天机器人 Chatbot 通过社交媒体销售保险产品；普华永道会计师事务所近日也面向伦敦保险市场创建了区块链概念产品的运营模式，该概念产品将着眼于加强伦敦市场中涉及理赔的第三方管理机构、索赔批准人、经纪人等利益方各方交集。

我们认为，对于区块链如何与保险业进行融合，可以考虑如下几个角度：第一，保险公司可以试着建立私有区块链，它不与其他区块链（例如比特币）连接，只是作为一种工具，在这个平台和基础上，可以考虑与客户和监管机构讨论未来将如何发展，本质上是客户通过区块链增加，而监管通过区块链延伸。第二，接下来保险公司需要探索该私有区块链如何运作（营销）和收费（服务），根据我们的经验，保险公司需要在不同协议（和自身业务结合）和经济机构上做实验。第三，保险公司除了需要严格审视现存信息技术架构外，还需要重新思考他们现有的和未来的产品，重新审视自己的产品、风险管理、监管和服务方面，哪些地方可以使用区块链技术或者可以对相关应用进行改进。例如每一家人寿保险公司的核心系统都是一个庞大的中心交易账户，所以对集中式数据库模型的可能替代方案中就有区块链技术，并且在其上可以实现有效的验证和分布式部署。当然对于此，云技术是一个替代的或者辅助的方案之一。

2.5.3 人工智能技术

实际上，人工智能的引入基于大数据，也可以与区块链相辅相成。本书对此进行研究，并给出我们的研究结果。

从公司战略层面来看，人工智能可以看作一个“元细胞”操作，它典型的构造如图 2 - 4 所示。

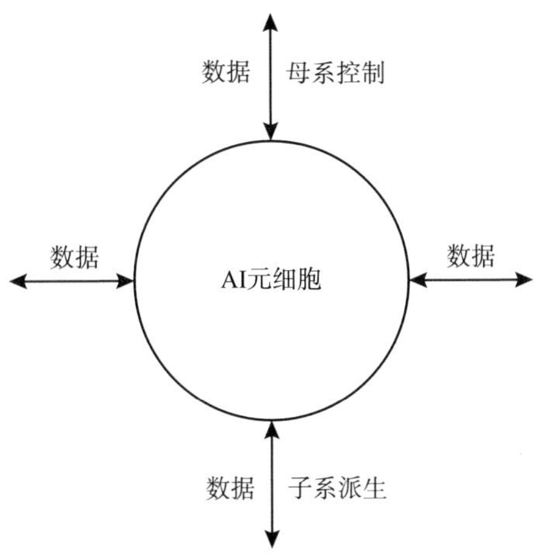

图 2-4　人工智能元细胞操作

人工智能的元细胞形式，也可以理解为增强的应用程序接口（API），管理者以该形式思考公司引入人工智能的战略是非常有效的，它可以过滤诸多技术细节，让宏观管理关注与人工智能的价值目标，我们在研究和调研中，通过对该形式的讲解和介绍，帮助很多企业找到人工智能的定位。

一个最粗粒度的大规模保险公司的组织融入人工智能的模式如图 2-5 所示。

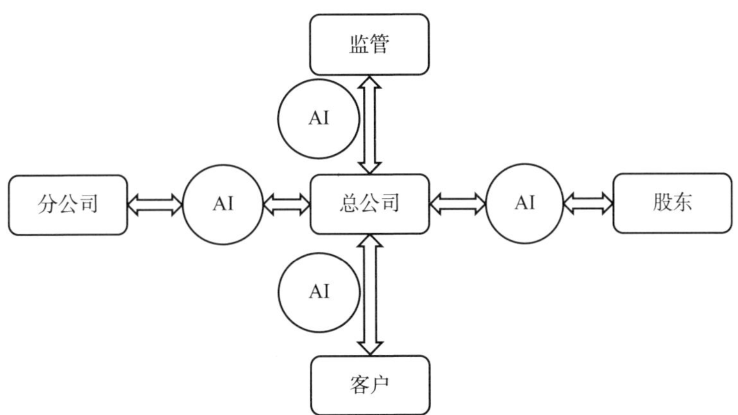

图 2-5　保险公司人工智能融入模式

根据图2－5，我们可以分析出保险公司人工智能融入模式的大致流程：人工智能元细胞通过派生对分公司业务进行辅助承接，完成相关业务往来；同时通过派生对股东相关业务进行承接，类似的针对监管和客户进行人工智能层面的操作。而母系人工智能可以通过不同形式逐步升级其决策核心，并通过迁移学习分别介入到分公司场景、监管场景、股东责任场景以及客户服务场景。更进一步地通过不断的升级和人工智能互联网，将公司核心价值从传统模式过渡到数据模式，再过渡到人工智能模式，如图2－6所示。

图2－6　保险企业核心价值变化方向

第3章
人身险中的人工智能与大数据

在前面两个章节中，我们已经对于人工智能与大数据等技术有了初步的了解，并对这些新技术与保险行业的结合模式有了深入的了解。本章节从人身险角度出发，首先介绍所涉及的数学基础知识，随后在人身险中进行人工智能与大数据应用的实例研究，从实用的角度介绍人工智能技术的应用。

3.1 动态定价与大数定律

本章节所讨论的动态定价不是指产品最终在市场上的售价会根据销售策略或者外界市场情况而变化，而是指个性化风险定价。

3.1.1 动态风险定价的含义

动态定价（dynamic pricing）原本是经济学的一个词语，也被称为浪涌定价（surge pricing）、需求定价（demamd pricing）、基于时间的定价（time-based pricing）等，是指企业根据当前市场需求设定灵活的产品或服务价格。例如企业会考虑到竞争对手的定价、供给和需求以及市场上其他外部因素的算法来改变价格，以获得市场优势，这在酒店、旅游、娱乐、零售、电力和公共交通等领域是普遍的①。

① Arie Shpanya (2014), "Why Dynamic Pricing is a Must for e - Commerce Retailers".

尽管它不同于精算中的定价，但是两者的内涵是一致的。由于精算是对风险进行量化，本质上是对风险进行测度，即精算定价实质上是对风险的一种定价技术。由此，动态风险定价（dynamic risk pricing）是一种灵活的“定价”，可以灵活地反映“风险”的“度量”。

简单来说，保险精算中的动态风险定价或者动态定价，是对承保的个体的风险进行“个性化”定价，是风险“个性化”度量的过程，这里的核心是“个性化”。正是因为“个性化”，使动态风险定价与传统的精算定价有本质的不同，事实上也导致保险运作的基础机理发生变化。

3.1.2 保险风险中的大数定律

回到保险自身的经营特征上。保险是经营风险的行业，它善于将风险分散，即将少数人面临的风险“分散”给大量人群，现实表现为通过聚集大量人群的“保费”，并将保费转移给“那些发生风险”的“少数”，最终实现这个目的。尽管投保人购买保险一般不会改变风险发生的“可能”，但是却可以在风险发生后获得相应的“补偿”。这样的模式使保险公司需要拓展业务，尽量让足够多的人购买该类保险，满足将风险分散给大量人群的要求。如果用数学来描述，实际上相当于概率论中的“大数定律”。

3.1.2.1 大数定律的三种形式

我们回忆大数定律的概念，并由此探讨“个性化”的含义。

大数定律（law of large numbers）是概率论中描述随机变量序列的算术平均值与随机变量数学期望关系的定律，它源自试验次数很大时所呈现的概率特征，但是它并非经验规律，而是严格的数学定理，一般有三种形式的大数定律。

（1）伯努利大数定律。

随机事件 A 在 n 次独立试验中的频率$\frac{v}{n}$依概率收敛于事件 A 的概率 p

即对任何 $\epsilon > 0$，都有：

$$\lim P\left(\left| \frac{v}{n} - p \right| < \epsilon \right) = 1, \ Whenn \to \infty$$

这里如果将某种风险发生当作事件，大数定律实际上在告诉我们，足够多的“试验次数”下，其频率就接近于风险发生的概率。需要注意的是，风险发生的概率是风险自身的性质，而足够多的“试验次数”，可以理解为保险公司大量保单的理赔（或者索赔）次数，这样就完成了利用经验数据（即保单数量和索赔）获得该类风险内在性质（概率）的过程。

但需要提醒的是：第一，在大数定律中，随机事件A是一个事件，大量的保单中任何单独一份保单是否都是相同的事件？即所有的保单都是一个随机事件呢？这就意味着每份保单所承保的风险是相同的、是一致的，这是否可能？第二，当数量足够多时，当 n 趋向于正无穷时才有上述收敛性，即使任何一份保单都对应了同一个随机事件，但有多少份保单时才能算是大量？或者说保单的数量如何影响其“逼近”的精度？

（2）切比雪夫大数定律。

互相独立的随机变量 ζ_1，ζ_2，…如果满足如下两个条件之一：存在均值和方差，即有限的一阶矩和二阶矩，设记号 $E\zeta_k=u$，$D\zeta_k=\sigma^2$，（$k=1$，2，…），或者具有相同分布，且具有有限的均值 $E(\zeta_k)=u$。那么，$\frac{1}{n}\sum_{k=1}^{n}\zeta_k$ 依概率收敛于随机变量的均值 $E\zeta_k=u$，即对任何的 $\epsilon>0$，有：$\lim P\left(\left|\frac{1}{n}\sum_{k=1}^{n}\zeta_k-u\right|<\epsilon\right)=1$。

从保险公司角度考虑，将每张保单所承保的风险看作随机变量，比伯努利大数据定律描述的场景更现实。从切比雪夫大数定律来看，该定律只对所有保单承保的风险存在假设，假设承保风险是具有共同的期望和方差的随机变量，则保险公司所承保的该类业务（即所有保单的组合）的算数平均值就收敛于每张保单承保风险的期望。换句话说，保险公司的风险是可以度量出来的，而该类业务的风险也可以从足够多的历史保单中获得合理的估计。

我们仍然需要注意的是：第一，随机变量之间不相关，这意味着前提条件是保单承保的风险不相关，这在现实中是否能得以满足？很明显，对于巨灾风险来说，共同的自然环境和共同的生活环境会同时影响许多保单，这并不符合前提条件。第二，随机变量具有相同的均值和方差。这一点对于保单承保的风险来说，是否满足？对于具体的保单来说，实际上要求我们对该张保单的风险特质有更清晰的了解才能回答此问题。第三，随机变量存在均值和方差。这同样需要我们对每一张保单承保的风险有更好的刻画才能判断是否满足。存在相同的均值和方差实际上是一阶矩和二阶矩的存在，对于风险来说，仅考虑损失的话，可以认为均值有限，而对于方差存在，其实隐含的是风险的异常应该“有限”，不能“过分”差距。第四，对于第二个条件，要求所有随机变量有相同分布，并存在相同均值。这等同于保单承保的风险“内在性质”相同，但现实中每张保单的风险有没有个性化？这是否违反了该条件？

结合切比雪夫大数定律，我们开始感受到，大数定律作为保险的基础，它更像是一种近似，是在我们无法更好地描述风险这种抽象的观念时，给出的一种较为近似的统计描述结果，使得保险能够完成风险的弥补功能。可以注意到我们在描述风险的时候，对于“内在性质”其实是用双引号的，表示我们并不能更好地刻画它。

（3）辛欣大数定律。

该定律更进一步地描述随机变量的“大数性质”。

如果互相独立且具有相同分布的随机变量 ζ_1，ζ_2，…的均值和方差都存在，记 $E\zeta_k = u$，$D\zeta_k = \sigma^2$，$(k = 1, 2, \cdots)$，那么，$\frac{1}{n}\sum_{k=1}^{n}(\zeta_k - \frac{1}{n}\sum_{i=1}^{n}\zeta_i)^2$ 依概率收敛于随机变量的方差 $D\zeta_k = \sigma^2$，即对任何的 $\epsilon > 0$，有：$\lim_{n\to\infty}P\left(\left|\frac{1}{n}\sum_{k=1}^{n}\left(\zeta_k - \frac{1}{n}\sum_{i=1}^{n}\zeta_i\right)^2 - \sigma^2\right| < \epsilon\right) = 1$。

该大数定律更深刻地描述了变量之间的差异的限制。如果将业务中的各张保单各自当作独立同分布的随机变量，那么该定律描述的是这些保单的组合对保险人的影响，也就是说其变化组合的算数平均值将收敛于该承保风险的方差，反过来，保险人也可以利用足够多的“历史数据”来刻画该类风险。

但独立同分布要求各张保单所承保的风险实质相同，从保险公司角度来说，这是一种降低划分、细分成本的“近似处理手段”，但是从投保人角度来说，严格意义上，每张保单涵盖的风险其实都有其个性化的地方，不能精确划分每张保单的根本原因还是在于我们对风险的实质没有更好的描述。

综合这些大数定律可以看到，保险业务本身充分利用了不同类的大数定律，来实现对承保的“风险”（这种无法描述的概念）的测度，其中最重要的测度就是用大数定律来获得其均值。因为一旦确定均值，就可以给出一个合理的价格；而借助辛欣大数定律，承保该风险的保险公司面临的“异常”损失也可以估计出来，即风险的方差（保险公司由此要赔偿的变化程度）。

但这些测度都有一些共同的要求，例如独立同分布，即风险的性质应该类似，保险公司可以从“方便处理”的角度，将同类保单看作其承保风险独立且同分布。但从风险角度考虑，每一类投保的“标的”都有其各自的特性，认为是独立同分布的随机变量是否真的贴合现实呢？

3.1.2.2 利用大数定律的现实限制

当然保险公司这样处理是有原因的，有几个事实需要考虑。

第一，过度细化风险分析将大幅度增加定价成本。如果不采用大数定律的方式，就需要对风险本身的性质非常清楚，这里非常清楚的意思是能够用数理方法进行度量，比如物品的寿命、财务贬值的机理等，事实上对任何一个投保的标的，都需要专业的分析，而这样的分析很可能涉及对应学科的全部理论，即使理论上有可能，成本限制也使得保险公司不可能这样做。例如一份保费为 200 元的财物保险，可能需要专业人员分析数月。

第二，相当多风险本质仍然无法刻画。如果说上一个是从“金钱角度”考虑，那么这里则是人类科学发展的限制，无论多少金钱也无法解决。我们仍然无法从理论上描述很多物品损毁风险的机理，例如人体的衰老、台风的生成、地震的发生，理论上没有搞清楚，数理模型无法描述，风险测度也就无从谈起。

第三，数据的限制。事实上，数学有一些通用的方法，可以对未知的事物内在激励进行“拟合”和估计，无论使用线性还是非线性系统、常微分还是偏微分方程，总是有很多办法可以使用，但是由于对其内在机理不了解，只能通过另外一种手段，就是通过大量数据进行拟合并发现规律，这个过程与利用成千上万的哈雷彗星的轨道数据来得到天体运动的数理规律十分相似。但是在过去，大量的数据难以获得，许多数据看起来也难以量化，这就使得这种方法并不易实现。

我们看到，风险的个性化，本质上是信息的个性化，也就是对个体风险信息的深刻描述。信息有不同层级，如果只做两层划分的话，一层是“本质规律”，其描述是模型和规则；另外一层则是数据。所以第二点和第三点本质上都是说风险个性化受制于信息。

尽管第二个问题在今天仍然难以解决，还需要各行业科学家继续挖掘和探索，但是我们注意到，数据的类型与数量级已经发生了翻天覆地的变化。这就是所谓的大数据时代，它使我们“期望”的风险个性化看起来不那么遥远。

当前，互联网技术和 IT 技术的发展，使大量的传感器进入了不同行业中，这些或者是新开发的传感器，或者是原本专业用途的传感器的平民化，使生活和社会的方方面面中的许多地方可以更好地被量化，形成数据传输和存储。

互联网的普及又使数据可以汇集和进行云端整理，甚至处理。与上述风险相对应，保险所承保的风险涉及多个行业，尽管对这些行业的风险本质我们并不熟悉，但是由于关于该风险的诸多角度的数据变得可以获得，在某种程度上来说我们也可以获得该风险的诸多信息。

3.2 生理年龄定价技术和应用

保险业作为自诞生开始就依赖数据的行业，与大数据和人工智能的结合是必然的趋势。本节，我们具体地将人工智能和大数据技术引入保险的核心部分——精算定价中来，并在人身险中进行应用，由此作为启发探讨它们与保险行业融合的路径和模式。

以寿险为例，精算定价需要寿命的分布函数（或者是生存函数），然后通过计算精算现值获得精算纯保费。这样的模式从保险诞生之初持续到现在。最早在1693年，哈雷就编制了德国布勒斯劳市的生命表，用来描述寿命的分布情况；之后也有研究者试图用一些确定的函数形式来描述具体的分布函数形式，即确定形式的生存函数，这自然和现实有一定偏差。当前，保险行业一方面有公共的生命表可以参考，另一方面各家公司也根据自身经验（例如历史数据）总结适合自己应用的生命表。所有这些工作，本质上都是为了获得寿命的分布函数。

我们注意到，在此模式下，无论是确定的函数形式还是二维表格形式的生命表形式，重点都在探讨寿命的分布，但忽略这样一个事实，即寿命本身的含义。统计资料给出的平均寿命是基于群体的去世资料分析得出的，对保险公司来说，是基于过去索赔数据；但对一个个体来说，其寿命是出生时间到去世时间所经历的长度，其去世的年龄实际上是日历年龄(calendar age)。问题在于，日历年龄并不能真实反映一个人的健康状况，也就是说，它不足以很好地反映保险所关心的“风险”因素，正因如此，保险需要通过大量的个体来实现风险的分担，因为保险人不能很好地把握投保人个体所面临的风险。

限于多方面因素，这样的矛盾在过去数百年并不可能实质性的解决，但是在过去十多年中，随着基因、互联网、医疗技术、穿戴设备、人体量化、大数据等方面研究的深入，使保险人更有效地把握和量化风险因素成为可能，综合来看，可以将创造这种可能的因素归结为生理年龄（CA, biological age)。也就是说，一个个体的生理年龄能够更有效地表明其所面临的健康风险以及由健康引起的死亡风险。基于此，我们认为基于生理年龄精算定价的机遇已经来临，这种机遇就是个性化健康风险量化，和车险基于车联网可以进行更有效的单车风险分析类似，这两种方式改进的本质都是让定价能够更好地反映个体风险，这被认为是互联网经济的内在特征。

3.2.1 生理年龄介绍

3.2.1.1 生理年龄提出历程

在互联网经济模式下，使用生理年龄进行寿险精算的定价不再只是一个理想化的概念。除了各种智能设备、医疗互联以及大数据基础设施的完善等重要变革外，关于生理年龄的研究也在过去30多年里有了长足的进步，特别在最近有了本质上的发现，其相关技术已经在医疗、健康以及专业评估中得到应用。

2000年9月9日，顶级学术期刊《自然》（*nature*）刊载论文“我们为何老去（Why do we age)”，阐述了人类寿命变化的深刻机理。除了介绍基因影响外，这篇论文提出了这样的重要观点：人类随着年龄增长，其老化的速度差异会越来越大，这是由人类进化所决定的，并认为日历年龄方式尽管方便于统计，但并不能更好地标示所面对的风险。从该研究开始，对于包括生理年龄在内的个性化健康因素的研究开启了新的阶段，这些研究充分融合现有的基因技术、医疗技术、互联网、大数据等研究结果，整体上可以分为如下几个角度。

第一个角度是基于基因和生物化学技术。人类已经发现一些基因特征和组合方式与老龄化有关，并可以由此评估个体生理年龄与日历年龄的偏差，特别值得一提的是端粒体尾长度（telomere length）更好地提供了一个老化的“指数”。研究认为该长度越短，说明人体老化越严重，这个结果已经在全球上千项实验和研究中得到证实，并多次成为新闻热点。

第二个角度是基于统计分析。该角度认为同样日历年龄的人群，其生理年龄有很大差异，但是均值仍然是日历年龄。在此基础上，综合使用一些评价方法进行生理年龄评估，但其所需要的群体数量需要足够分散，并且其最终评价技术依赖于第一类和第三类。

第三个角度是基于“深刻生物特征信息”。生理学的研究在经历了生物化学的深刻影响后，也受到了系统论的影响，认为人体的老化是一个系统化的过程，系统化的影响会影响到个体的诸多生物特征，只是由于这些生物特征在不同尺度上的体现大不相同，从而使得整体把握这些生物特征比较困难。该观点同样在生理学试验和研究中得到证实，并由此诞生了许多检测和治疗技术。

有了这些既有的研究和生理学的深刻理论，结合当前的互联网和大数据分析，我们尝试将寿险的定价从日历年龄转移到生理年龄上，主要基于第三个角度，同时融合第一和第二个角度提出“手背纹理”的生理年龄评价，进行寿险定价的新尝试。

尽管将生理年龄纳入寿险定价的声音很小，同时公开发表的相关研究也很少，但在保险定价中应用生理年龄，已经有了一些尝试，例如：人寿保险费率网站（lifeinsurance rate）利用网站用户的生理年龄评价结果，进行重新组合，然后为用户推荐更合理的保险产品配置方案。事实上，由于生理年龄更好地反映了个体的风险因素，而保险人只了解日历年龄，这就形成了信息不对称。中间机构可以利用此不对称获得超额收益，这可以看作逆向选择的一种。

通用再保险公司（Gen Re）的寿险和健康主管弗朗西斯科·加西亚（Francisco Garcia）也提到类似的观点，并认为保险公司由此要赶在市场前面，获得生理年龄信息，从而应对这种不对称带来的“不利”[①]。

亚洲大学（台中）风险管理系首席教授张秋政（Chiu - Cheng Chang，2009）也在一篇短文里提出，寿险业应该逐步考虑生理年龄，并将它应用到寿险业产品开发、经营以及理赔中。

3.2.1.2　生理年龄应用障碍

尽管从理论上分析，在定价中应用生理年龄是可行的，但它在保险行业中的应用还有几个障碍，这些障碍事实上促使了市场最终选用了日历年龄，具体分析可以得到：

第一，日历年龄只需要根据身份证就可以确定，非常方便，无须复杂的评估技术也无须昂贵的基因筛查。

第二，日历年龄由出生日期可以确定，这个通常是诸多合同明确签署人的直接信息，不涉及隐私层面。事实上在基因测试技术逐渐成熟的今天，曾经有相关机构希望将基因技术用于投保人的筛查——特别是一些昂贵保险金额的保险“种类”。美国已经通过立法禁止这样做[②]，但在其他国家尚不明确。

---

① http：//www. genre. com/knowledge/blog/how - biological - age - could - help - insurers - improve - customer - relationships - en. html.

② 《遗传信息无歧视法案》于2008年由美国众议院通过。在澳大利亚，《（反）残疾人歧视法》在修订时认为保险公司利用基因信息并不违法，但是需要由数据提供支持。

第三，日历年龄是一致的，也就是说通过法定证件可以确定唯一的日历年龄，这保证了基于日历年龄诸多测算结果的唯一性。

我们注意到，由于生活习惯、基因、家族遗传等多种因素的不同，相同年龄的人，其健康情况有很大差异。对此，我们习惯上常常还提到一个健康情况的衡量指标，那就是生理年龄。通常所说的生理年龄，实际上已经隐含了对健康状态的评价。

在生理学角度，其实对生理年龄有非常细致的评价方法，但这些方法通常较复杂。例如图 3 – 1 给出了美国生理年龄评价的生理指标法的 21 项生理指标。

生理指标	生理指标
C 反应蛋白（mg/dL）	血红蛋白（g/dL）
血清肌酐（mg/dL）	淋巴细胞百分比
化血红蛋白（%）	白细胞计数
血清白蛋白（g/dL）	分血器（%）
血清总胆固醇（mg/dL）	红细胞计数
巨细胞病毒光密度	单核百分比
血清尿素氮（mg/dL）	粒细胞百分比
血清碱性磷酸酶 SI（U/L）	血小板计数
强制呼气量（mL）	脉冲（次/分）
收缩压	舒张压
血清高密度脂蛋白（mg/dL）	

图 3 – 1　生理年龄测定的生化指标

3.2.1.3　生理年龄定价评估应用

和每一个新兴事物一样，生理年龄人身险定价在实际应用中需要克服诸多障碍，但与此同时，这些障碍为它的进一步发展提供了更完善的思路与方向。综合生理年龄性质以及保险的特点，我们大致可以描绘出生理年龄的定价应用需要具备如下一些特征：

a）所使用的方法简单、快速、有效。这样的要求在过去很难实现，但在当前互联网和智能技术、大数据分析的技术支撑下，终于有了可以实现的途径，这是生理年龄用于人身险定价的根本基础。b）生理年龄评估应该不涉及敏感隐私。c）生理年龄评估应该在一定程度上稳定。这里的稳定是指短期或者一些外界干扰对评估结果影响较小，否则过于频繁的变化很难让人信服。

我们提出的“手背纹理”生理年龄定价框架所基于的生理年龄评估，符合以上三条基本要求。

首先，评价过程高效快速简洁。具体来说，评价基础是一张相对清晰的手背照片，清晰度达到 1 200 ×1 200 像素（或以上）即可，这在当前智能手机普及、拍照像素普遍在 800 万以上的时代并不难满足；进一步地，在互联网支持下，这些照片只需要通过软件传输即可，可以方便地实现云计算和网络嵌入；在速度方面，在初期传统的卷积神经网络模型下，普通笔记本进行评价的过程不超过 3.5 秒，而在我们新采用谷歌提出的自然梯度修正方法后，该评价过程不超过 1 秒①。

其次，对于敏感隐私问题，手背纹不同于指纹，很难找出识别特征。从后面的研究可以看到，手背纹的特征分析非常好地反映了年龄特征和性别特征，但是并没有明显的个体识别特征，从而可以很好地达到区分个体特征并保护用户隐私的目的。

再次，在稳定性方面，深度学习手段被用于生理年龄评价，如同其在人脸识别、自动驾驶中应用一样，在我们进行的多次测试中（样本达到 37 万）表现稳定。

最后，需要注意的是，深度学习提供了生理年龄评价的有效工具，而生理年龄评价结果又为保险的定价提供了一种崭新的途径。在无法简洁高效地获取生理年龄评价时，基于生理年龄评价的保险定价只是一种可能，却无法真正得到实际的应用；而近几年深度学习的发展和图像识别的突破真正让这条新途径变成可以行走的大道，并有可能在一定程度上显示其优势。我们这里一方面介绍生理年龄评价的方法和实践结果，另一方面着重

① 普通四代 i5 处理器，4G 内存。

说明生理年龄如何系统地用于人身险定价，这是一次全新尝试，主旨是由此推动保险行业应用生理年龄的研究，提供保险行业具体应用人工智能和大数据技术的途径。

3.2.1.4　生理年龄的函数体现

老龄化（aging）被定义为器官功能和结构的退化，进而导致在整个生命周期内的疾病风险增加、可能伤害增加以及死亡风险增加，一方面可以按照个体的存在时间作为老龄化的度量，即日历年龄（calendar age，CA），另一方面可以根据个体的老化程度综合评价给出一个相对的时间度量，即生理年龄（biological age，BA）（Morgan E. Levine，2012）。

个体的生理年龄 Y 是其日历年龄 t 的函数，即 Y（t），很明显它还受到其他因素影响，例如生活方式、是否吸烟、生活水平等。它具有如下性质。

存在性：一个个体存在的生理年龄，能够综合反映整体的健康状况，并表明其当前所占有的生命周期比例。承认生理年龄存在是应用和评价的基础。当前的一些研究已经表明，在基因层面，有些特定的结构能够肯定该存在性。

有界性：Y 有最大值限制。一般认为，如同日历年龄有寿命上限假设 ω 一样，生理年龄也有上限，一些研究认为，这个上限为 $\omega+5$。但显然，该上限会随着社会经济发展和人类技术进步而变化。

有限回溯性：生理年龄在一定程度上可以不是日历年龄的增函数。该特性是与日历年龄最大的不同。这意味着，个体可以通过一些方式，例如运动、健康生活方式等，让当前自己的生理年龄小于过去某个时间的生理年龄。具体描述如下：存在一个区间 La 内的两个点，即 t_1，$t_2 \in La$，使 $t_1 < t_2$。尽管生理年龄客观存在，但是我们尚且没有办法直接获取该信息，只能通过生理年龄评价来近似获取其生理年龄。获取一个个体生理年龄的过程就是生理年龄评价。

生理年龄评价是一个 X 到非负实数的映射 f。

$$f: X \to [0, +\infty)$$

其中，X 是一个向量空间（x_1，x_2，⋯，x_n）。这里 n 表示进行生理年龄评价的 n 个因素，这些因素可以是不同类别的，甚至可以是不精确量化的，例如人的状态、气色、人际关系情况等，通常设定 x_1 为 t 或者 T，即第一个因素就是其日历年龄，这符合人们的认知。

一个生理年龄评价方法，需要满足如下一些性质：

首先，当 $t_1>t_2$ 时，一个日历年龄为 t_1 的个体的评价结果应大概率超过一个日历年龄为 t_2 的个体的评价结果，且两者日历年龄差距越大，概率越大。

其次，人体器官衰老的因素应该充分反映在生理年龄评价中，或者说生理年龄评价应当包含导致人体器官衰老的因素。

再次，生理年龄评价应该是连续的。也就是说，重大疾病发生之类的健康迅速恶化情况可以反映在生理年龄评价上，但应保证评价结果是连续的。通常为了保证这一点，生理年龄评价针对的是“正常人群”，如果从保险角度考虑，则可以说是可承保人群。

最后，生理年龄评价是稳定的。即针对一个承保个体来说，相近时间内评价出的生理年龄应在一个稳定的水平上，若不满足则会对风险的度量与定价带来较大困扰。

鉴于生理年龄评价是向量空间到非负实数的一个映射，一些数学工具可以应用其中，例如传统的神经网络，它能够完成这种非线性映射的拟合，还有一些浅层学习技术也可以发挥作用，例如支撑向量机。但这些技术都面临着需要大量的初始样本的问题，也就是说需要大量的带有“标签”的数据，这导致评价过程复杂，报告烦琐，同时从数据角度来说大量样本获得过程也不现实。

3.2.2 深度学习技术用于生理年龄评估

对于生理年龄的评估，深度学习提供了一种可行的思路。因为深度学习自身更像是人类思考问题，可以抽取出数据（或者是因素）的一些特征，这些数据可以不带有标签，只需要在后期利用少量的标签数据就可以进行分类。对于生理年龄来说，相当于将其分成很少的类别，例如 21 岁到 50 岁等。

深度学习由于 Google 的子公司 DeepMind 的人工智能程序 AlphaGO 而

家喻户晓[①]，但该技术发展已经并将继续变革许多行业，被认为是解放许多智力劳动的新工业革命。目前最常使用的领域是图像识别，众多深度学习的方法都通过图像识别进行测试和检验。这是因为图像本身的数据量大，虽然人脑在图像识别方面具有强大的优势，但深度学习发展起来之后，计算机在特征选取等方面开始达到或者超过人脑的水平。最重要的是，在深度学习框架下，计算机可以做到自动获取特征，而不像传统神经网络需要大量已知标签样本来学习。

严格说，深度学习是机器学习算法类的一种，而机器学习一般是基于人工神经网络（artificial neural network，ANN），与我们人类大脑的生物神经网络相对应（biological neural network，BNN）。也就是说，深度学习是人工神经网络的结构和算法的新阶段。虽然人工神经网络已经成熟多年，但浅层神经网络在2000年左右才获得了很大成功，这类算法以支撑向量机（supported vector machine，SVM）等为代表，但是距离人类能够通过这些算法实现超越人脑的图像、视频识别还有很长的路要走。

受到戴维·休伯尔和托斯坦·维厄瑟尔在1981年获得诺贝尔医学奖的获奖内容的启发，人们开始构造深度神经网络。该研究表明，人类的大脑不是一下子处理信息的，而是分层处理信息，也就是说，大脑是从不同尺度建立不同的特征，由此完成识别、预测等过程。

2006年，多伦多大学教授杰弗里·辛顿在顶级期刊《科学》发表文章（杰弗里·辛顿，2006），提出反向传播算法和对比梯度算法，使得深度神经网络学习和计算成为可能，促进了深度学习爆发式发展。2015年，作为深度学习的一个华丽总结，本希奥、杨立昆以及杰弗里·辛顿在另一顶级期刊《自然》发表文章“深度学习（deep learning）”（杨立昆等，2015），对深度学习进行了完整的总结。《自然》杂志特为此开辟了多篇专栏。

深度学习即利用深度网络进行机器学习，而深度网络是神经网络的一

① 2016年3月15日，第五场人机大战（AlphaGo对阵李世石）经过长达5个小时的搏杀，以李世石认输结束，最终李世石与AlphaGo总比分定格在1∶4，前者仅在3月13日结束的第四场对战中取得了唯一的一场胜利。该事件普遍被认为是人工智能崛起的标志性事件，而AlphaGo的基础就是由卷积神经网络所代表的深度学习。

种，神经网络是模拟人脑神经元的结构，如图 3－2 左上图所示。在神经网络里，一个神经元连接了很多输入，每个连接上有一个权重，模拟轴突上的刺激，然后在神经元上进行求和，并经过非线性函数输出，如图 3－2 左下图所示。一个神经网络可以由从数据输入层到输出层（或者叫可见层，visible layer）的多个神经元组成，并可以存在多层神经元，叫作隐藏层（hidden layers），但在经典神经网络中，一般一个隐藏层就已经够了。

深度学习依赖的神经网络是多层的，如图 3－2 右图所示，有多个隐藏层。深度学习有不同的算法模型，用来解决这种“复杂网络”的训练、预测和检验中存在的问题。

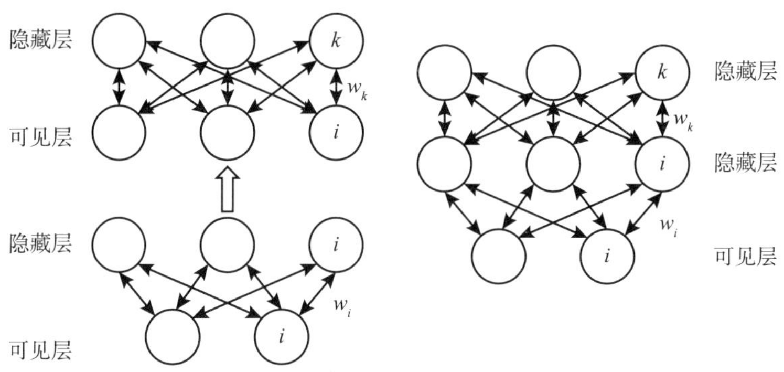

图 3－2　神经元与神经网络

以卷积神经网络为例，这些隐藏层是三维的，意味着每个隐藏层实际上是多重神经元的排列，通过卷积运算来实现特征的提取。

下面提供了一个完整的卷积层操作的实例：

$$h_{ij}^{k} = \tanh((W^{k} \times x)_{ij} + b_{k})$$

在这里，tanh 为激活函数，用来对结果进行非线性变化后输出到下一层，W^k 给出了对应输入的权重矩阵，“×”是卷积操作，x 是输入，b_k 是偏移值，h_{ij}^{k}是输出结果，实际上也是下一个层的输入。

在深度学习中应用广泛的卷积神经网络通常是二维卷积，在一些特定情况下是一维卷积，一维序列 $x(n)$ 和 $h(n)$ 的卷积 $y(n)$ 定义如下：

$$y(n) = \sum x(i)h(n-i) = x(n) \times h(n)$$

以上求和在有定义范围内，实际上是连续卷积的离散化，对于二维卷积来说，$x(m, n)$ 和 h_1，h_2 的卷积定义如下：

$$y(i, j) = \sum_{n}\left[\sum_{n} x(m, n) h_1(i - m)\right] h_2(j - n)$$

利用深度学习来发现生理年龄，其主要任务集中在如下几点：第一，提供深度学习的无标签样本。这些样本应该最大限度提供生理年龄信息，这样深度学习才有可能在大量样本中发现有关生理年龄的特征。如何发现这些特征是我们需要解决的关键问题，这意味着对于原始的样本或者因素，我们需要利用生理学或者统计学进行一定程度的转换，使信息凸显出来。第二，提升效率。生理年龄信息并不需要特别深入的分类技术，不是个体识别（例如人脸识别），所以有必要对深度学习的框架进行一些适应性调整来提升效率，从而减小计算量。第三，寻找合理的深度学习目标。这些目标应该适应保险业的要求，也适应当前软硬件条件，它能够在既有的数据支撑下，达到保险企业能够实际应用的目的要求。

3.2.3 模型、特征学习与检验

我们选取手背纹作为分析对象是基于生理学研究，并经过多次比较实践的结果。

由生理学研究可知，人类皮肤表层下是真皮层，再下面是肌肉和脂肪组织，单纯从皮肤其实很难判断年龄，无论是日历年龄还是生理年龄，因为皮肤从生理学角度属于“环境接触”部分，受到环境影响很大。但选取手背纹作为生理年龄评价的输入却是有可能的，这是因为：第一，手背纹理主要由真皮层起到支撑作用，而真皮层与人的生理年龄的相关性很高，同时这一点也要求我们对于纹理的处理需要避免表皮层的干扰。第二，手背纹的信息还包含了骨骼和关节的信息，骨骼的密度和关节软骨的厚度会直接使特定区域手背纹理发生横切截面上切线方向的变化，而骨骼和关节都是进行生理年龄评估的关键因素。第三，循环系统的信息会通过纹理的密度和连接层次得到反映。众所周知，循环系统的健康是生理年龄重要的参照，事实上人类死亡率最高的几类疾病都与循环系统有关。

我们基于这三方面的生理学原因，对手背纹图像进行研究。但直接的

手背纹图像用于深度学习产生不了实际的有意义的特征，这里的特征是指能够反映生理年龄的特征。所以基于微分几何学的理论，对生理学的相关研究进行几何元素的解读，我们给出了如下的转换方式，这种转换方式的基础实际上是尽量使用变化和波动的信息，减少原始信号所含有的容易受到外界影响的信息，该过程类似于“差分方法”的高级版本。

生理年龄信息（biological age information，BAI）是由特定的带有生理特征的图像经过特定运算形成的、能够被挖掘生理年龄信息的二维矩阵。严格来说，任何图片都是一个二维矩阵格式，所以生理年龄信息和图片是一一对应的。因此我们需要进行生理年龄转换，即通过特定操作将原始图片转化为具体的生理年龄信息，供此后的年龄信息挖掘使用。

在对图像进行统一方向调整后，即旋转为手腕朝下、手指朝上，考虑到真皮结构、结缔组织、骨密度影响，我们主要考虑以下两个方面：一方面是真皮的细胞生长方向的差异能够凸显生理年龄；另一方面是骨密度及软骨变化更多地体现在纵向的拉伸上。

这意味着我们需要构造一种转换方式，可以在满足生理年龄信息转换的要求同时，最大限度提取以上两方面所包含的信息。

基于上述信息我们可以定义纹理结构曲线（texture structure surface，TSS）为带有灰度或者颜色信息的二维图片，其灰度信息可以构成三维曲面，记为 $\sum_{s}$ ，$P(s)$是在曲面任一点的切平面，而 $T(s)$是平面上的切方向，$N(s)$为其正交方向，$NC_T(s)$，$NC_N(S)$是沿着这两个方向的法曲率。在计算时，需要在特定方向上将其差异求和，离散形式可以写成如下公式。

$$\text{Gvalue} = \sum_{i} \omega_i [NC_T(s) - NC_N(s)]$$

我们在经典的卷积神经网络框架下，将上述权重 ω 设为恒定 1，但在新的改进中，我们将其设定为与日历年龄有关的数值，该数值可以通过新的样本学习进行更新。这样的好处在于可以更加快速地进行判定，并减少结果误差随年龄变化的幅度。

该定义实际上对方向差异进行了提取，以满足生理研究结果应用的条件。图 3 - 3 给出了一幅照片经过转换后形成的新的图片。由于引入的手背纹照片大小不一，实际上在输入时，我们选择了 1 200 × 1 200 像素，但在进行以上转换的过程中，将其收缩到了 300 × 300 像素，该收缩比例是通过多次比较得出的，之所以可以进行收缩而仍然保持生理年龄信息，是因为在进行差异化操作的时候，进行了求和处理。

我们使用的数据库是由数据灯塔（data lghthouse）计划的健康因素库（health factor measurement，HFM）[①]，初期包含了 370 000 幅手背纹图片，涵盖的日历年龄从 15 岁到 53 岁，其中带有标签数据 371 份；后期图片达到了 420 000 幅，标签数据达到了 1 203 份，年龄也扩大到了 57 岁。更大规模的数据获取有利于结果更加稳定，其中针对日历年龄在 21 岁到 52 岁范围内的判断，已经达到可以实用的地步。

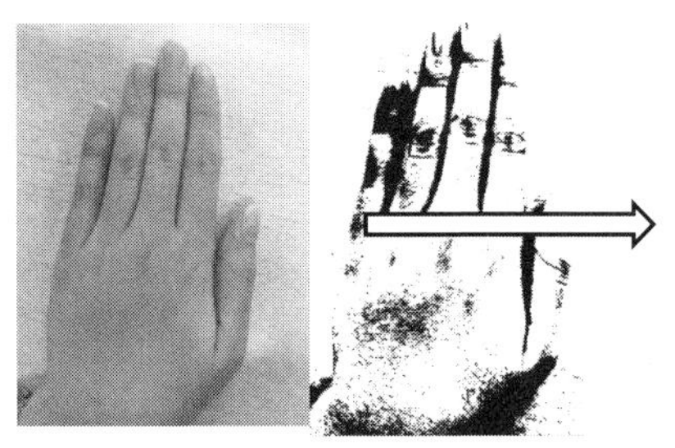

图 3 – 3　曲率转化示意（生理信息转化）图[②]

深度学习的算法和模型可以分为几大类：卷积神经网络（convolutional neural network，CNN）、深度信任网络（deep belief networks，DBN）、稀疏自动编码器（sparse auto encoder，SAE）等，但考虑到效率和问题，我们使用了相对最成熟、经验最丰富的卷积神经网络，这也是 AlphaGo 使用的深度学习方法。

我们使用的卷积神经网络采用了标准的 5 +1 层结构，如图 3 – 4 所示[③]。在考虑了新的研究成果，特别是 Google 的 Deepmind 的论文后，我

---

① 该数据库主要是搜集与健康有关的因素信息，包含图片、声音和量化生理数据等，本书初期所使用的数据自 2014 年 7 月到 2016 年 3 月；后期使用的数据到 2016 年 12 月。

② 因按照我们转换计算过程，结果很小，直接作为灰度显示就会导致全为白色，故该示意图进行了归一化处理以方便显示。

③ 尽管我们已经发现更好的效果的多层结构，但是在稳定度方面，“5 +1” 的结构更加稳定。

们也对结构进行了如下一些调整，以更优化整个过程和结果。

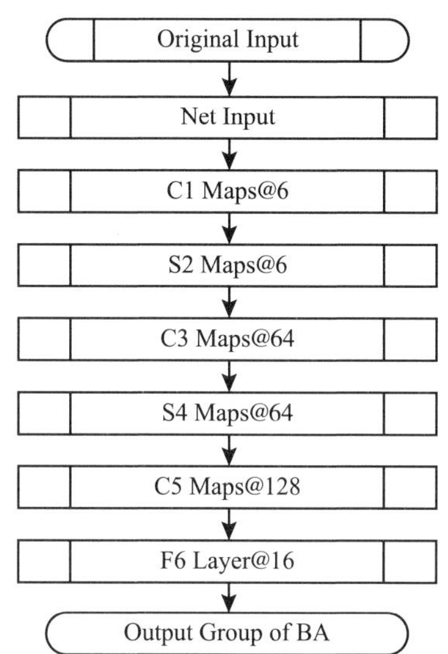

图3-4　所使用的卷积神经网络框架结构图

第一，考虑到生理年龄的特征因素影响，我们进行了输入层的调整，利用生理信息转换形成了新的输入，作为卷积神经网络的输入。

第二，在卷积层C1使用了限制卷积范围操作，即卷积层的操作并不是针对输入图片的全部，而是根据图像中心点距离来进行有限范围内操作，这样做可以大幅度减小训练时间，并更快速提取特征。特别注意的是，尽管理论上可以利用一个距离函数判断，但实际应用中，仅需要三个权重$\left(1, \frac{1}{2}, \frac{1}{4}\right)$即可①。

第三，非标签样本的特征信息主要由C3层来获取，我们共发现了18个联系密切的模式，且该模式在所有的训练样本中出现。

第四，从F6到输出层，考虑C3层特征的调整，C3层通过影响权重来进行F6的补充“决策”，该思路是基于人脑思考的特征来进行的，即

① 该操作可以让计算量降低2/3左右，但如何更优，还需要就深度学习网络进行更加深入的后续研究。

人脑识别时由不同层次进行抽象分析、记忆和预测，但同时层与层之间的信息是无拘束影响的，有利于更快的决策①。此结果一方面可以使35%左右的判断无须进行多重的矩阵乘法操作，另一方面还能够继续获得新的信息，增加后续判断精确性。

第五，在学习阶段和检验阶段，C3层信息通过特定结构记录，并在训练过程中作为更优先的目标来控制收敛，这意味着在传统深度学习框架下，不需要到达指定精确度就可以结束学习过程，这进一步降低了不必要的操作——这里的不必要是指能够划分出生理年龄就可以，而不需要更深入探讨。

图3－5给出了在上述调整后，学习样本数量与误差关系，这里学习样本是指能够提供有关特征模式的样本，可以近似理解为同一年龄的样本数量。

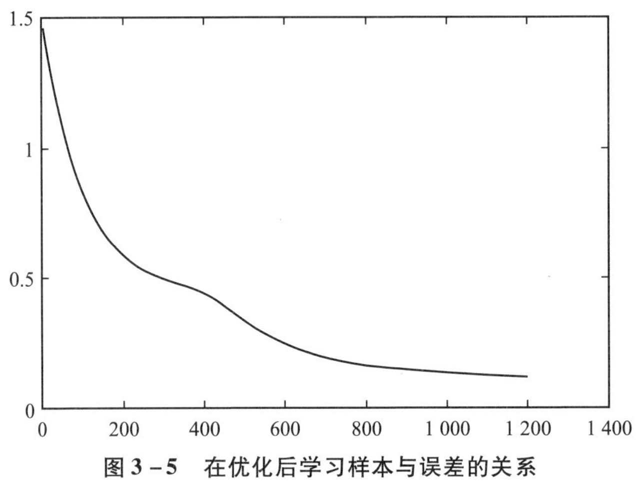

图3－5　在优化后学习样本与误差的关系

资料来源：笔者自己的研究结果。

在第一阶段的数据中，可识别的ID（志愿者样本数量）数量为131 335 。评价方法给出了对应的生理年龄结果，对此，我们进行了生理

① 资料来源：Mnih，V. et al.，Human-level control through deep reinforcement learning，*Nature*，Vol 518，2015，pp. 529－533。

年龄和日历年龄差异的简单统计，希望由此表明同样年龄的个体健康存在很大差异，侧面说明了前述的理论（Morgan，2012）。表3－1给出了生理年龄的统计结果。需要说明的是，在补充了新的数据后，该结果继续扩大，说明同样日历年龄个体生理年龄差异巨大是普遍的。

表3－1　　生理年龄的统计结果（数据量：131 335）

项目	数值	备注
最大正偏差/健康亏损最大值	17	BA：51，CA：34，男性
最大负偏差/健康盈利最大值	11	BA：30，CA：41，女性
整体平均偏差	3.63	分年龄偏差的方差4.7
男性平均偏差	3.17	分年龄偏差的方差3
女性平均偏差	3.92	分年龄偏差的方差3.2
偏差最大年龄段（岁）	36～40	

为了验证结果的可靠性和稳健性，我们通过微信获取469位志愿者手背纹照片（3 029张图片，提供最少的为1张，提供最多的为11张，且多张提供者拍摄间隔在1小时以上）。通过相似图片分析，我们剔除233张整体类似的图片，剩余2 796张，对应的志愿者人数为469人。

图3－6上图展示了志愿者日历年龄的分布以及评价后生理年龄的分布，从该图可以发现，整体上志愿者的日历年龄和生理年龄的差异没有大规模样本那样大，但仍然显示了生理年龄整体比日历年龄偏大的趋势。

我们随机抽取了41人，按照生理年龄的生化评价方法进行了复杂判定并于我们的结果进行对比，图3－6下图展示了在权重没有调整情况下误差的情况：从误差的平均值看，整体不超过2岁；而从标准差看，整体比较稳定，在一些特定点上标准差为0。而在权重调整的模型中，误差均值在1.5岁左右；在后期更多数据加入后，这个误差均值可以稳定在1.2岁左右。尽管存在误差，但考虑到简单易行且几乎没有成本（对比生化方法要接近160美元的成本），我们认为该结果是令人满意的。

更重要的是，考虑到保险公司定价应用，对于大多数人年龄不超过1

岁的偏差已经足够反映投保人所面临的风险，由此可以认为“手背纹理”判定生理年龄的方法具备实用化的潜力。在保险公司更多数据支撑下，特别是在通过后续理赔等反馈对深度学习模型进一步优化后，其结果会更好。

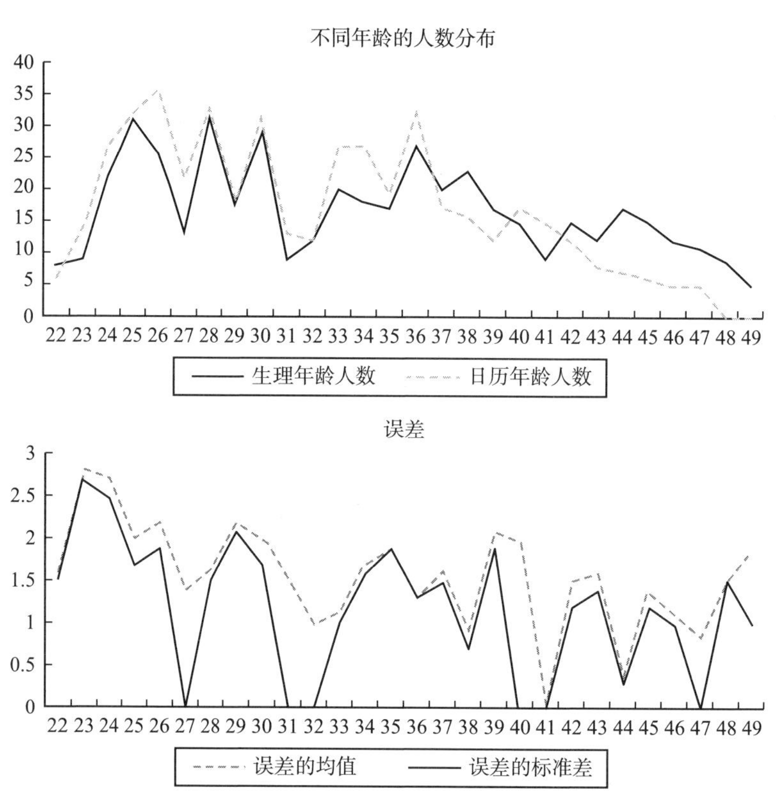

图 3－6　结果的年龄差异统计及与生化指标评价对比的误差

3.2.4　保险应用的模式分析

3.2.4.1　生理年龄定价的应用分析

将生理年龄用于精算定价，适合于不同的保险场景，最直接的应用就是寿险定价、年金定价以及健康险定价等，这些产品所面临的风险都与健康有关，或者说都与死亡风险有关，而生理年龄能够更好地衡量这种风险。从生理年龄的定义来看，构造生理年龄风险率来反映生理年龄所面临的风险是最根本的方案，但当前生理年龄还没有真正应用于精算定价，无法积累数据和获得足够的风险信息。对此，有三种方案可以在现有基础上利用生理年龄更好地量化风险。

第一种方案为偏移法，把生理年龄与日历年龄的偏差看作减因因素之一，在既有传统定价基础上，进行以该偏差为基础的调整，类似于对吸烟等因素的处理。该方案需要根据公司经验进行适应性分析。

第二种方案为直接法，其核心是按照用户生理年龄进行直接定价，把生理年龄当作日历年龄进行保费测算和风险评价。考虑到生理年龄的特点，尽管无法获得最优化的方案，但这种方法至少能够改进日历年龄定价的结果。

第三种方案为反馈法，其核心是将生理年龄评价动态地嵌入保险应用中，其动态性和可追溯机制，能够更好地适应保险业务的流程和保险风险的量化。

但为了清晰地展示生理年龄定价和传统定价的差异，我们采用第二种方案，并给出在年金、寿险和健康险下传统方法与该方案的对比。为了更好地说明两种定价在实际应用中的差异，我们选取了某大型保险公司的三款产品，并按照公布的精算报告，进行了计算。

表 3 - 2 是基于基本保额 10 万元的终身寿险，从数值上看，保费有所增加，这是由于选取的样本生理年龄评估大于日历年龄。根据我们的全部样本统计，日历年龄为 30 岁的男性有 73% 的概率生理年龄大于日历年龄。

表 3 - 2　　　　终身寿险对比

终身寿险	基本保额（万元）	缴费期限（年）	按照日历年龄（元）	按照生理年龄（元）	差异百分比（%）
终身寿险（男性）	10	20	7 020	8 213	5. 025575448
终身寿险（女性）	10	20	7 538	7 863	4. 311488458

表 3 - 3 是一款市场常见的分红型养老产品，设定基本保额为每年 1 万元，缴纳年限为 10 年，领取的日历年龄为 60 岁。从数值上看，生理年

龄评估超过日历年龄，使缴费数额减小，但同时身故保障也降低了。这个测算没有考虑到长寿风险的影响，生命表也是基于《中国人寿保险业经验生命表（2000－2003）》，更细致的计算应该考虑到这两个因素，事实上在考虑长寿风险影响下，缴费数额几乎没有减小（张宁，2015）。

表3－3　　年金保险对比

年金	每年缴费（日历年龄）	身故保障（日历年龄）	每年缴费（生理年龄）	身故保障（生理年龄）	保费差异（%）
年金（男）	18 629	217 000	17 616	203 116	－5.437758334
年金（女）	19 186	217 730	18 319	203 981	－4.518920046

表3－4是重大疾病保险，假设身体高度残疾、年度最高身故保障以及重大疾病保险金最高给付为10万元，涵盖了40种重大疾病以及特定的10种疾病。可以看到，生理年龄测算方式导致保费大幅度上升，这真实地反映了生理年龄与健康风险的关系。根据我们健康量化研究的一些结果可知（张宁，2015），生理年龄的增加会使一些特定疾病发生率超预期的增加，同时疾病间的联系也促使相关疾病概率随之上升，对此我们进行了细致的调整，这种增龄效应引起的调整使保费继续上升，更加真实地反映了投保人的健康风险。

表3－4　　重大疾病保险对比

重大疾病保险	缴费年限（年）	每年缴费（日历年龄）	每年缴费（仅考虑生理年龄）	差异（%）	每年缴费（增龄效应调整）
重大疾病保险（男）	20	3 250	3 652	12.36923	3 710
重大疾病保险（女）	20	2 840	3 102	9.225352	3 166

但我们应该注意到，保费的上升并不意味着保险产品失去了竞争力，恰恰相反，采用生理年龄使互联网经济的特征融入保险中，使保险更加连

接化、个性化和定量化。一方面，保险公司对产品不再是简单依靠身份证日期来确定价格，而是通过生理年龄更好地量化客户风险，实现个性化的风险匹配；另一方面，对于那些由此反映出的健康风险较大的客户提供更加专业化的风险管理措施，减小赔付带来的负担，甚至通过一揽子健康管理措施，使得保险公司在产品和服务上都与客户产生紧密的连接。

3.2.4.2 生理年龄定价的本质分析

事实上，保险公司引入生理年龄的本质，其实是为了建立以深度学习和大数据技术为代表的人工智能技术为核心的企业“大脑”，深度学习已经展示了其深厚的智能特征，但需要大量数据的支撑，而保险行业有大量数据优势，其融合是必然趋势。

首先，人工智能将在精算定价方面发挥作用，实现动态产品定价。保险公司依赖生命表作为定价的主要因素，同时还会考虑一些其他因素，例如吸烟、既往病史等，来对最后的定价结果进行调整。但这些因素并不足以反映投保人所面临的真实“健康”风险和死亡风险。如果考虑生理年龄，则涵盖的因素会更多。这里以手背纹为例，实际上提供的是一种完整的健康评估手段，该手段虽然没有体现各种因素的影响过程，但是反映了各种因素的影响结果，并以生理年龄作为最终指标，清晰而简单地反映了身体的健康状况。以生理年龄而不是以日历年龄作为投保人定价基础，可以充分让保费反映个体所面临的风险，有效减少逆向选择和道德风险。

进一步来说，以手背纹为基础的生理年龄定价体系，可以更好地适应当前的互联网保险模式，一方面保证了风险的个性化评估和量化，另一方面无须经过复杂的体检和评估，完全具备实用化的价值。结合当前移动互联网的发展状况，保险公司只需要在 App 中内置对手机相机的支持，传输一张照片，就可以完成全部的评估和定价，所有操作都可以在云端完成，用户不会感到延迟和不适。

其次，深度学习在应用中可以充分利用理赔的反馈机制提升精准度。深度学习的方法本身并不复杂，但其应用过程是复杂的，特别是其结果的精度依赖于大量的样本数据。互联网提供了这种大数据支撑的可能，而保险公司也有能力提供这样的数据，大量的理赔、承保数据在传统模式下发挥的作用非常有限，但是在深度学习框架下，这些数据完全可以反过来改善整个体系的稳健性和精准度。

以我们提供的手背纹的完整方法为例，保险公司的理赔数据将很大程度地提升其智能程度，因为其理赔数据可以作为样本调整并完善深度学习中的参数。大量的理赔数据的介入，实际上是对深度学习的参数进行“个性化”的过程，形成自己公司的“深度学习”大脑。这个大脑本质上是反映了公司所积累数据的自有模式和特征模式，也反映了所积累数据的潜在价值，为未来的应用提供无限可能。

事实上，尽管深度学习是通过大量样本获得较抽象的数据，但同时深度学习框架可以更好地分析个体情况，例如当足够多的“手背纹”数据有了对应的“标签”（这个标签是指这些手背纹客户的理赔、交流、咨询等），那么就可以分析出保险公司可能的模式。而我们常说的通过分析现有模式预测未来可能的增长点，实际上也是一种基于发展目标而进行的分类，由此，公司的各种业务可以依据具体目标进行新价值的发现。

最后，保险公司应该融合深度学习等人工智能技术，建立完整的体系应用，有效挖掘用户价值，真正形成保险公司自己的智能大脑，达到人工智能与业务的有机结合。

3.3 死亡率数据的深度分析与预测

生理年龄与日历年龄还有一个很大的不同点，即它是随时间变化的。一个人的生理年龄会根据他的生活习惯和健康状况而变化。也就是说，如果我们知道一个人的生活习惯以及身体健康趋势的变化，我们就可以预测他的生理年龄，而不是到某个时间就固定某个年龄（日历年龄）。基于这一特点，可以认为生理年龄的预测对于保险的意义在于预测死亡率。

事实上，无论是使用传统的日历年龄还是生理年龄，预测死亡率都是保险公司关注的焦点，这个焦点的来源就是老龄化与长寿风险。这里我们做一些简单的说明①。

3.3.1 长寿风险与死亡率预测

在过去的100年里，全世界人口寿命平均每10年增加2.5岁，今天出生的人比50年前出生的人平均寿命要长12.5岁——人口寿命的提升一方面是现代科技和文明进步的标志，但另一方面它也给社会许多领域带来了很大压力。根据世界货币基金组织在2012年的《全球金融稳定报告2012》（*Global Financial Stability Report* 2012，IMF）中的阐述：老龄化的程度比预期要严重50%，这意味着对发达经济体来说，将产生50%的GDP成本，对于新兴经济体来说，这个比例是25%。

在自然增长率稳定的前提下，导致人口寿命提升的重要因素就是人口死亡率的降低，而这种超预期的死亡率降低叫作长寿风险：从年代角度来看，相同年龄群体的死亡率在不同年代中是不同的，通常越往后就越低。这种很难测度的情形，就是典型的风险特征。

对于中国来说，长寿风险的影响还由于两个原因而显得尤为严重：第一，由于经济水平仍然属于发展中国家，经济发展尚没有足够的积累以应对长寿风险的影响；第二，由于人口众多且养老制度还在不断调整中，长寿风险导致的个人养老需求与社会提供的养老服务产生很大矛盾。

正是由于大家对长寿风险的关注，死亡率预测模型发展迅速。死亡率预测本质上是对历史死亡人数统计的一种信息挖掘，通常是通过提出拟合的模型，并在完成参数估计后，将其进行时间维度的拓展，从而生成预测的未来死亡率数据，并基于这些数据进行相关的一些统计。对于一个模型来说，参数数量不同会构成一个模型族，因此关于死亡率的预测往往通过模型族的形式呈现。

在死亡率预测模型中，通常所考虑的影响因素一般包括年龄（age）、时间（period）和世代（cohort）。年龄效应和时间效应是明显的，世代效应是指同一年代出生的人口具有一些相似的特征（例如死亡率），当前也在许多

① 相关文献于参考文献中均有包括，此处不再赘述。

国家被验证其存在性，并有一些学者给出了清晰的描述（Zhang and Zhao，2015）。尽管考虑的影响因素一般是确定的，但是模型到底包括哪些因素，以及这些因素是否能分解成两个参数或者多个参数［例如李·卡特（Lee - Carter）模型的双因素模式和三因素模式］等，都是可变的。

3.3.2 死亡率预测的模型不确定性问题

考虑这样一种情况，对于某一国家从 T_1 到 T_2 的历史死亡数据，研究人员找到了一个模型 M 进行拟合，并发现拟合程度最好，超过了其他几类模型 $M^{(1)}$，$M^{(2)}$，…，$M^{(k)}$ 等，自然地，M 就被用来进行预测，并给出结果。这是标准的死亡率预测或者长寿风险模型分析的过程，但这里面有这样几个问题需要深入思考：

第一，如果数据集变化，例如又发现了过去一年（T_1-1）的数据，或者新的死亡率统计数据（如 T_2+1 年）加入，那么 M 还是所有模型中最好的吗？如果不是，那么其预测结果又有多大的可信度？此时应该选择 M 还是选择新的模型？

第二，在数据集不变的情况下，M 是“最优”的模型，但 M 是否就真的挖掘了数据集的全部信息？“次优”的模型是否在一些情况下捕捉的信息更多？拟合的好坏通常用 SSR 来表示，这是一个求和，但并不代表每一处都优于其他模型，那么其他模型在某些地方的“优势”就被省略了，这是一种浪费。

第三，同样在数据集相同的情况下，如果恰好有一种模型 M^*，其拟合效果几乎一致，但是其给出的预测以及置信区间等都和模型 M 不同；甚至在改变数据集的时候，M^* 和 M 也互有“优势”，这时应该选择哪个模型？作为研究者很可能会选择一个模型完成文章论述和预测，但是在实际应用中或者关系到重大决策时，只考虑一个，显然是不全面的或者“不负责任的”。

这些问题都属于模型的不确定问题，对于精算以外的领域，一些学者给出了很多极端的例子，例如医学中的模型不确定问题及带来的“风险”（Regal and Hook，1991）、工业技术（Draper，1995）等。

对于死亡率预测，我们对模型不确定问题进行了分类，大致有三类。

第一类：数据变化导致模型选择困难。例如针对 1986 ~ 2010 年的数据，双因素李·卡特（Lee - Carter）模型较单因素模型效果好，但是当我们利用人口普查数据进行插补，使年龄都增加到 105 岁，则单因素模型会重新占据上风①。

第二类："最优模型"不是处处最优。很明显，确定参数的模型，在拟合历史数据的时候并不是所有数据都能够完美"拟合"，自然有的模型在一些历史数据上表现好，在另一些上要差。

第三类："最优模型"的不确定性。该问题直接来自模型参数的确定，例如单因素李·卡特模型的参数获得可以通过奇异值分解（singular value decomposition，SVD）、似然函数以及贝叶斯方法获得，但一般估计的参数不同，从而导致不同的死亡率预测。

为了系统地说明此问题，需要对死亡率预测模型进行深入统计。我们通过常用的学术数据库（知网、万方、Sciencedirect 等）进行了有关死亡率模型研究的搜索，时间涵盖了 1992 ~ 2016 年，这期间，与死亡率模型相关的结果有 15 000 多篇，剔除博士硕士论文，剔除非核心期刊，直接描述死亡率预测模型以及不同国家应用的有 273 篇。然后我们对模型进行了分类，详细结果如表 3 - 5 所示。

表 3 - 5　模型库的描述

所属大类	模型代码	模型描述	编号
面板数据方法（57/273）（*）	AT - IID	年龄项：固定效应	1
	AT - RW	年龄项：随机效应	2
	APC - IID - RW	年龄项：固定效应；世代效应项：随机效应	3
	APC - RW - RW	年龄项：随机效应；世代效应项：随机效应	4
	T - PLM - AT - IID（5）（**）	年龄项：固定效应	5

① 这里插补和模型效果采用第三部分的方法

续表

所属大类	模型代码	模型描述	编号
面板数据方法（57/273）（*）	T－PLM－AT－RW（5）	年龄项：随机效应	6
	T－PLM－AT－IID－RW（5）	年龄项：固定效应；世代效应项：随机效应	7
	T－PLM－AT－RW－RW（5）	年龄项：随机效应；世代效应项：随机效应	8
	T－PLM－AT－IID（10）	年龄项：固定效应	9
	T－PLM－AT－RW（10）	年龄项：随机效应	10
	T－PLM－AT－IID－RW（10）	年龄项：固定效应；世代效应项：随机效应	11
	T－PLM－AT－RW－RW（10）	年龄项：随机效应；世代效应项：随机效应	12
	A－PLM－AT－IID（60）	年龄项：固定效应	13
	A－PLM－AT－RW（60）	年龄项：随机效应	14
	A－PLM－AT－IID－RW（60）	年龄项：固定效应；世代效应项：随机效应	15
	A－PLM－AT－RW－RW（60）	年龄项：随机效应；世代效应项：随机效应	16
Lee－Carter 模型（229/273）	Lee－Carter（1）	单因素（主成分）	17
	Lee－Carter（2）	双因素（主成分）	18
	Lee－Carter（3）	3 因素（主成分）	19
	Lee－Carter（4）	4 因素（主成分）	20
	Lee－Carter（5）	5 因素（主成分）	21
	Lee－Carter－Cohort（1）	分解世代效应的单因素模型	22
	Lee－Carter－Cohort（2）	分解世代效应的双因素模型	23
	Lee－Carter－Cohort（3）	分解世代效应的 3 因素模型	24
	Lee－Carter－Cohort（4）	分解世代效应的 4 因素模型	25
	Lee－Carter－Cohort（5）	分解世代效应的 5 因素模型	26
死亡率分解（2/273）	MDM（5）	5 层本征模态，Lee－Carter 模型	27
	MDM（7）	7 层本征模态，Lee－Carter 模型	28
	MDM（9）	9 层本征模态，Lee－Carter 模型	29

其中各模型介绍如下：

（1）年龄—时间模型（age—time model，AT model）。

$$\text{Log}(m_{a,t}) = \theta + \theta_a + \beta_0 t + \beta_a t + v_{a,t} + \grave{o}_{a,t}$$

该模型是计量经济学的自然拓展，但其在死亡率应用上也取得不错的结果，带趋势的ARIMA模型属于此类（范勇、朱文革、汪丽萍，2015）。

（2）年龄—时间—世代模型（age—period—cohort model，APC model）。

在探讨死亡率规律的时候，除了年龄和时间这两个明显因素外，出生年效应也被发现（Willets，R. C.，2004），这被称为出生世代（birth cohort），即同一出生年代的人群具有一些相似的死亡率特征。基于此，在年龄时间之外，增加一个参数，用β_c表示，具体可以表示为如下形式：

$$\log(m_{a,t}) = \theta_0 + \theta_\alpha + \beta_0 t + \beta_c t + \gamma_{\alpha,t} + \grave{o}_{\alpha,t}$$

（3）时间分段线性模型（time piece linear model，T－PLM model）。

该模型是对上述两个基础模型的$\beta_0 t$项做如下调整：

$$\begin{cases} \beta_0^{(1)} t, & t \leqslant K \\ \beta_0^{(1)} K + \beta_0^{(2)} (t-k), & t > K \end{cases}$$

（4）年龄分段线性模型（age piece linear model，A－PLM model）。

该模型实际上是对面板数据按照一个固定年龄分成两个面板数据进行分析，以反映特定年龄区间人口的死亡率特征（一般是高龄人口，也可能是特定增龄疾病的人群）。

$$\log(m_{a,t}) = \begin{cases} F(a,\ t) + v_{a,t} + \epsilon_{a,t}, & a \leqslant M \\ G(a,\ t) + v_{a,t} + \epsilon_{a,t}, & a > M \end{cases}$$

（5）李·卡特模型（lee－carter model，LC model）。

$$\text{Log}(m_{a,t}) = \alpha_a + \beta_a K_c + \epsilon_{a,t}$$

$\beta_a K_c$是因子，所以以上模型是单因子模型，根据所研究对象的不同，可能多因子模型效果更好，这时李·卡特模型具有如下形式：

$$\text{Log}(m_{a,t}) = \alpha_a + \beta_a^{(1)} K_t^{(1)} + \beta_a^{(2)} K_t^{(2)} + \cdots + \beta_a^{(n)} K_t^{(n)} + \epsilon_{a,t}$$

同时在李·卡特模型中，也可以考虑世代效应，基于世代效应的度量结果，将李·卡特模型改为如下形式：

$$\text{Log}(m_{a,t}) = \alpha_a + \mu\gamma_{t-a} + \beta_a^{(1)} K_t^{(1)} + \beta_a^{(2)} K_t^{(2)} + \cdots + \beta_a^{(n)} K_t^{(n)} + \epsilon_{a,t}$$

该模型特点是将对数死亡率剥离了世代效应的影响，之后采用李·卡特模型拟合（Zhang and Zhao，2015），这里我们用 Lee - Carter - Cohort（n）表示该模型。

（6）死亡率分解模型（mortality decomposition model，MDM）。

死亡率分解模型是基于希尔伯特—黄变换（Hilbert - Huang Translation）的经验模型分解（empirical model decomposition）方法，将 $\mathrm{Log}(m_{a,t})$进行一维展开，成为了长度为 k 的序列，则对该序列内任何一个值 L_i，有：

$$L_i = L_i^{(1)} + L_i^{(2)} + \cdots + L_i^{(n)} + \epsilon_{a,t}$$

这里 $k = a_1 + a_i + \cdots + a_T$，$a_t(0 \leqslant t \leqslant T)$是 t 时期数据的长度。

3.3.3 贝叶斯模型平均的数据处理方法

我们注意到，在这些模型的相关研究中，所应用的模型都各有所长。但很显然，每个模型在数据中的信息抓取的能力是不同的，借助前面提到的模型不确定性问题，我们可否不舍弃“最优模型”之外的其他模型——这些模型很可能在一些“情况下”比选择的模型更好，而综合使用这些模型的能力呢？

一种可行的思路就是要充分吸收每种模型的优点，并在预测中发挥作用，令每一个模型的预测结果都成为最终预测结果的“一部分”，这样各种从不同角度出发挖掘历史死亡率数据信息的模型都可以发挥出优势，这就是贝叶斯模型平均（BMA）的思想。

具体来说，我们设对数死亡率为 $\log(m_{a,t})$，历史死亡数据集为 D，并假设考虑 n 个模型$\{M_1, M_2, \cdots, M_n\}$，则有：

$$P(m_{a,t} \mid D) = \sum_{i=1}^{n} P(m_{a,t} \mid M_i, D) \times P(M_i \mid D) \tag{1}$$

这里 $P(M_i \mid D)$ 就是后验概率，是模型组合的权重，预测的本质就是计算 $P(m_{a,t} \mid D)$，而第 i 个模型给出的预测就是 $P(m_{a,t} \mid M_i, D)$。

$$P(M_i \mid D) = \frac{P(D \mid M_i) P(M_i)}{\sum_{l=1}^{n} P(D \mid M_l) P(M_l)} \tag{2}$$

这里：

$$P(D \mid M_i) = \int P(D \mid \theta_i, M_i) P(\theta \mid M_i) d\theta_i \quad (3)$$

是模型 M_i 的聚合似然值（integrated likelihood），而 θ_i 是模型 M_i 的参数向量。

可以计算在此模式下的期望和方差，其中期望给出了研究问题所需要的“预测死亡率”的值。

$$E(m_{a,t} \mid D) = \sum_{i=0}^{n} \widehat{m_{a,t}^{(i)}} \; P(M_i \mid D)$$

$$\mathrm{Var}(m_{a,t} \mid D) = \sum_{i=0}^{n} (\mathrm{Var}(m_{a,t} \mid D, M_i) + \widehat{m_{a,t}^{(i)2}} \;) P(M_i \mid D) - E(m_{a,t} \mid D)^2$$

这里，$\widehat{m_{a,t}^{(i)}} = E(m_{a,t} \mid D, M_i)$，也就是模型 M_i 的预测结果。

每一种模型都可以预测未来死亡率，并据此给出未来的预期寿命。每一种模型的权重应该取决于其预测“效果”的好坏：预测好的应该权重大，预测差的应该权重小。

第一步：我们测度每种模型各自的预测性能。目前我国能够获得的死亡率数据为 1986~2015 年共 30 年数据，我们选择最后 5 年数据作为评测对比数据，然后用 1986~2010 年的数据建立模型，并用该模型预测 2011~2015 年的死亡率。

第二步：我们计算模型的权重。按照“偏差最小的模型应赋予最大的权重”的原则。我们使用指数函数调整权重，即如下模式：

$$\omega_i = e^{-|b_i|}$$

并将以上权重进行归一化处理。

第三步：通过贝叶斯模型平均模型获得最终的预测结果。首先对每个模型用全部的数据去估计模型参数，这样得到 29 个参数标定的模型。然后就可以按照贝叶斯模型平均模型对未来死亡率进行预测，即用这些模型及对应的权重（ω_i，M_i）获得数据的后验分布［公式（3）］，然后通过计算边际似然［公式（2）］，最终由公式（1）给出死亡率预测。

以上过程虽然清晰，但是实际上由于贝叶斯模型平均模型中的积分计算复杂，直接计算存在一定困难。这里由后验概率计算较复杂，通常用马尔可夫链蒙特卡洛方法（markov chains monte carlo，MCMC）来进行计算。

马尔可夫链蒙特卡洛方法本质上是蒙特卡洛方法计算积分的一种提升，由于马尔可夫链可以收敛到平稳分布，则可以由目标分布为平稳分布的马尔可夫链，这样经过多次“抽取”“运行”，最终达到平稳状态。马尔可夫链抽样适用于样本不独立、后验分布复杂的情况，正是贝叶斯模型平均的数据处理方法所需要的。

3.3.4 聚合拉普拉斯逼近（INLA）的大数据处理方法

人们发现，在贝叶斯模型平均的数据处理方法中使用马尔可夫链蒙特卡洛方法仍然存在一些问题，例如收敛速度较慢和通用性不强等（Montgomery and Nyhan，2010）① 问题。这启发我们可以使用拉普拉斯逼近（laplace approximations）去计算目标积分。本质上死亡率预测模型都属于结构相加回归模型类（structured additive regression model，SARM），大量的统计模型属于此类（例如线性回归、可加模型、平滑样条模型、状态空间模型、半参数回归、时空分析模型、对数高斯 Cox 过程等），所以这启发我们使用一种新的估计贝叶斯推断结果的方法，该方法是回归模型类中对整个结构相加的“潜在高斯模型”（latent gaussian model，LGM，Fahrmeir and Tutz，2001）的试用，自然也可以用于死亡率预测的贝叶斯模型平均模型，这就是聚合拉普拉斯逼近（integrated nested laplace approximations，INLA），该方法在 2009 年由鲁（Rue）、马丁诺（Martino）、肖邦（Chopin）提出，当前是统计计算的热门工具。

它相对于马尔可夫链蒙特卡洛方法的优点如下：第一，计算更加快捷。常常马尔可夫链蒙特卡洛方法需要几小时的运算量，聚合拉普拉斯逼近可以在数秒内给出类似精度的结果。在死亡率预测的贝叶斯模型平均模型中，我们也给出了对比，结果也说明了聚合拉普拉斯逼近的速度优势。第二，通用性。马尔可夫链蒙特卡洛方法需要实现根据问题进行“计划”，而聚合拉普拉斯逼近可以非常程序化地自动进行，流程清晰，特别适合系统中使用。

---

① Montgomery J. M.，Nyhan B.，Bayesian Model Averaging：Theoretical Developments and Practical Applications. *Political Analysis*，Vol. 18，No. 2，pp. 245 – 270.

结构相加回归类种的潜在高斯模型是指下列形式：

$$g(\mu_i) = \alpha + \sum_{j=1}^{n_f} f^{(j)}(\mu_{ji}) + \sum_{k=1}^{n_\beta} \beta_k z_{ki} + \grave{o}_i$$

我们的死亡率预测模型属于此类，其详细描述可以参考（Rue、Martino and Chopin，2009）①。

贝叶斯模型平均模型的数据处理方法需要计算的目标形式：

$$P(D \mid M_i) = \int P(D \mid \theta_i, M_i) P(\theta \mid M_i) d\theta_i$$

聚合拉普拉斯逼近是通过构造一个嵌套的逼近，来逐步获得送需要的积分，即：

$$\hat{P}(D \mid M_i) = \int \hat{P}(D \mid \theta_i, M_i) \hat{P}(\theta \mid M_i) d\theta_i$$

$$\hat{P}(\theta_j \mid M_i) = \int \hat{P}(\theta \mid M) d\theta_{-j}$$

这里 $\hat{P}(\cdot \mid \cdot)$是估计的条件密度。

$$P(\theta \mid M_k) \propto \frac{P(D, \theta, M_k)}{P_G(D \mid \theta, M_k)} when D = D^*(\theta)$$

这样贝叶斯模型平均模型的数据处理方法的积分可以用拉普拉斯逼近来获得，由拉普拉斯逼近计算，有以下形式：

$$P(D \mid \theta, M_k) = N[D; u_i(\theta), \sigma_i^2(\theta)]$$

具体计算过程如下：

- 第一步，拉普拉斯（Laplace）逼近方法逼近后验的 θ 的边际分布；
- 第二步，计算 $P(D \mid \theta, M_k)$；
- 第三步，用数值积分方法组合第一步和第二步：

$$P(D \mid M_k) = \sum_i P(D \mid \theta_i, M_k) P(\theta_i \mid M_k) \times \Delta_i$$

- 第四步，利用公式（2）构建出每个模型的后验概率；
- 第五步，利用公式（1）获得所需要的结果。

---

① Rue H., Martino S., Chopin N., Approximate Bayesian inference for latent Gaussian models by using integrated nested Laplace approximations. *Journal of the Royal Statistical Society*, Vol. 71, No. 2, 2009, pp. 319 – 392.

其中第一步、第二步、第三步是标准聚合拉普拉斯逼近计算过程，可以参考（Rue et al.，2009）[①]，同时 R 语言版本可以在线获得[②]。我们的计算基于此软件包。

图 3－7 给出了马尔可夫链蒙特卡洛方法在死亡率预测上的速度比较[③]，可以看出即使在模型总类不多的时候（29 个/类），聚合拉普拉斯逼近依然以较快的速度收敛。更为重要的是，我们发现在处理死亡率分解模型时，马尔可夫链蒙特卡洛方法出现异常，这说明马尔可夫链蒙特卡洛方法中的马尔可夫链与死亡率分解模型中的本征模态分解（empirical mode decomposition，EMD）中的样条构造可能有冲突，还需要进一步的理论研究。

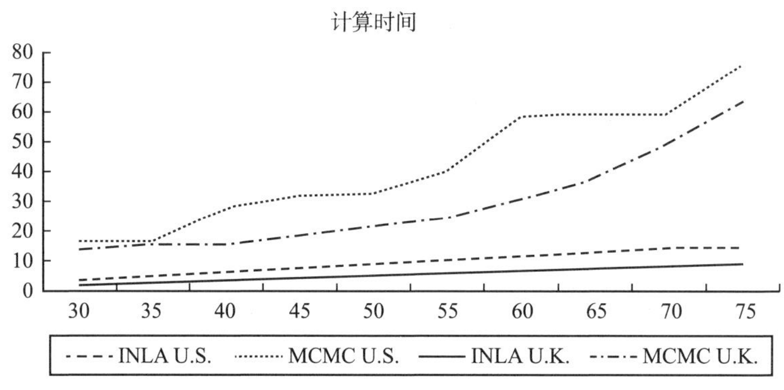

图 3－7　计算时间随数据集变化情况

图 3－8 给出了应用于中国数据的死亡率偏差的平均值和标准差的平均值（按各年龄人口比例加权平均，男性），使用的人口比重图来自人口统计局公布的数据[④]。

---

① Rue H.，Martino S.，Chopin N.，Approximate Bayesian inference for latent Gaussian models by using integrated nested Laplace approximations. *Journal of the Royal Statistical Society*，Vol. 72，No. 2，2009，pp. 319－392.

② http：//www. r－inla. org/。

③ 程序基于 R－INLA 项目，电脑配置是联想笔记本 i5 四代，4G 内存。

④ 国家统计局网站 http：//www. stats. gov. cn，基于第六次人口普查分年龄人口数量整理。

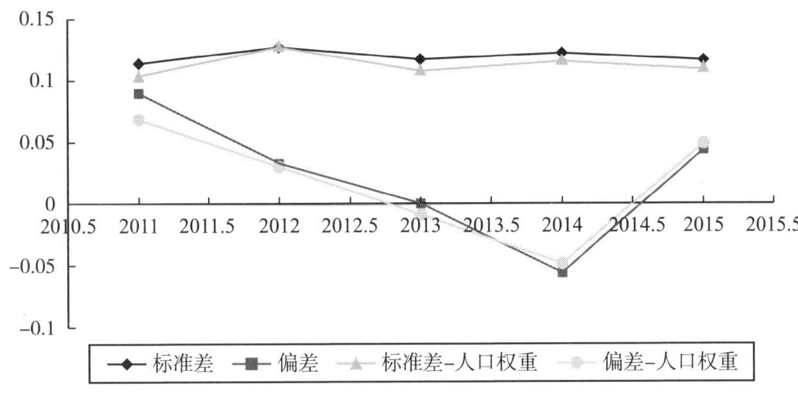

图3-8 对比结果

资料来源：《中国民生发展报告2016》。

3.4 健康管理中的人工智能和大数据

3.4.1 人身险中的人工智能与大数据

在人身险领域里，个人所面临的死亡风险和健康风险是典型的“大数定律”应用场景。与车联网相比，由于涉及人的生命和权利，其推动也比较缓慢；由于人体不存在“实验场景”，这也使车联网的思想在该领域的应用有一定的限制。

但是，我们也注意到，每个个体在投保的时候，尽管缴纳了相同的保费并享有相等的保额，但是他们所面临的风险一般是不同的。最直接的风险划分就是性别。此外，我们习惯上以职业进行划分，认为一些职业的死亡风险要小，而另一些职业死亡风险要相对大一些。例如，在死亡风险角度，警察这个职业死亡风险要比图书管理员的死亡风险要大。我们还可能按照地区、城乡、教育水平、医疗习惯等进行划分，使得在这些划分下，同一群体内的个体风险特征尽量相同，达到大数定律“独立同分布”的要求。

设想下去，如果我们找到足够多的特征，或者我们直接从每个投保个体出发，那么每个投保个体其实就是一个“群体”，他/她一定有足够多的特征使自己与其他投保人分开，实际上这样就达到了风险的个性化。

问题在于，这样的风险个性化，有办法进行量化吗？我们毕竟是要测度个体的风险来应用到保险中。现在看来这些问题的答案越来越明晰了。

从2000年之后，大量的医疗设备通过技术公司的改进和研发，从医院进入家庭中，而智能手机的普及使这些设备数据可以及时被记录、存储和传输。也就是说，个体可以不必去医院，就可以获得自己的生理数据，很明显，这至少比以前能够更清晰地知道自己的健康状态。

这些设备包括以下所列举出的多种。

体重秤：可以与智能手机连接传输体重数据；

体脂秤：可以测量脂肪含量、肌肉含量、骨密度、水分等；

智能手表：可以记录走路的步数、距离、心率信息，甚至血压信息；

智能手环或智能手机传感器：可以记录血氧含量、血压信息等；

血压计：可以测量血压，甚至进行心电图测量；

呼吸设备：可以测量有氧分解能力、代谢能力等；

智能跑步鞋/鞋垫：可以测量身体姿势和用力姿势；

即时指套：可以即时测量血压和血氧数据；

无创血糖仪：可以测量血糖含量和胰岛素水平等；

……

还有很多设备不断被开发和应用起来，对应的相应算法也在提升测量的精度。这些都是关于个体的健康信息，当这些信息足够多的时候，我们有理由相信，它能够帮助我们较好地挖掘个体健康信息。

当前，人身险里用来测度死亡风险发生概率的是生存函数，这种模式从保险诞生之初持续到现在。各类研究也在努力探讨寿命的分布，但忽略这样一个事实，即寿命本身的含义。统计资料给出的平均余命是基于群体的去世资料分析平均得出的，对于一个个体来说，其寿命长度就是出生时间到去世时间所经历的长度，其去世年龄实际上是日历年龄（calendar age)，但是，日历年龄本质上并不能反映一个人的健康状况，也就是说，这个因素恰好和保险所关心的“风险”相关性不大，也正因如此，保险需要通过大量的个体来实现风险的分担，因为保险人不能更好地“把握”投保人个体所面临的风险。

也就是说，日历年龄是一种人群的分类方式，在此之外，我们还可以探索考虑另外一种人群分类方式，即能够更好反映个人健康风险的生理年龄，这样可以减少相对的“不公平”，这方面的想法最近几年有研究学者不断提出。

生理年龄测度有很多方式，但是对于人身险来说，其不足之处在于不能像日历年龄那样简单的获得——只需要投保人的身份证就可以确定。我们也就此做了一些工作，其中包括使用深度学习技术自动捕捉皮肤纹理特征的生理年龄方法，在前面的章节已做过介绍。

这也是典型的基于信息从而在一定程度上进行风险个性化的思路。这类信息其实是间接获得的生理指标，并在实践中得到使用。它可以被统一归类为动态定价或者精准定价。可以认为，动态风险定价就是利用足够多的信息，来获得个性化风险的定量化描述和刻画，在保证稳健的同时，根据风险特征的变化规律进行调整，其关键的三个因素就是：数据与信息、风险刻画和动态技术。其中数据和信息决定了动态定价的基础，传统的数据和信息常常局限于结构化数据，但在大数据时代，数据的范围已经从结构化数据扩展到了非结构化数据，所涉及的数据维度也大幅度增加；当数据和信息的基础发生变化后，传统的风险刻画技术就需要进行变革，例如从线性方法过渡到非线性方法，从传统的精算技术过渡到机器学习和精算融合的技术等；最后是前两者充分融合精准地提供定价服务，这就要求具有极高的动态性和稳健性。

可以看到定价中的核心步骤——风险刻画是链接数据和服务的核心。实际上传统保险公司局限于将其限制于保险产品设计中，但对于客户来说，其风险刻画用于健康领域则是风险量化，甚至绝大多数医学其实都是对人类的健康风险进行量化并进行干涉（治疗）。从生命质量角度来看，保险产品的服务过程中涉及客户的生命质量①，但同时保险产品理赔结束后的风险处置、没有发生风险之前的健康管理都涉及生命质量，如果把保险的本质定位于“提升客户的生命质量”，则保险公司应该将其范围扩展到健康风险的预防和健康风险的处置中，即保险公司无论从生命质量理论还是知识经济理论视角出发，都不应该是选择健康人群作为公司的客户，而应该是让公司的客户变得更健康！

下面几个例子展示了在健康管理中大数据技术和人工智能技术的应用，它们可以与保险公司的业务充分融合，帮助保险公司控制承保风险或者提供增值服务等。

3.4.2 扩维卷积技术用于脉象识别

该研究的目的是考虑利用一系列生理数据来获得中医的脉象结果，该研究一方面可以固化近千年的中医传承经验，减少个人主观因素影响，另一方面也为中医和人工智能的结合提供了技术基础，最终获得基于多角度生理数据的脉象分析。

卷积网络是当前深度学习应用最广泛的模型之一，一般用于和图像有关的领域，例如计算机视觉中的物体识别，也有一些应用于语义识别中基于向量化的词语识别。

我们在前期手背纹理识别生理年龄的研究中，注意到图像应用中复杂背景的影响和每个人的一些生理数据特征很像，例如性别相同的人却有不同的心电图模式等，因此将其应用于随着时间变化的、不同维度的生理信号的多元时间序列处理，进行分类的目标就是中医中的“脉象”。

脉象是中医里重要的“诊病”参考，但对大多数“不熟悉”中医的人来说，脉象又非常神秘。明代的李士材的《诊家正眼》是在李时珍基础上增加了疾脉，形成28脉象并为后世沿用。

很显然，脉象的分类是典型的机器学习问题，具体表现为将手指感知的脉搏跳动转化为不同的脉象描述。我们试图将越来越普遍的生理信号捕

① 张宁：《通用生命质量框架》，生命质量研究会2018年度报告。

捉设备的数据与脉象联系起来，改变目前“脉象仪”固定感知且无法迁移的模式，同时也是为了更好地“量化”传统医学的深厚经验，并为更多人所用。

我们在研究中，进行了一些创新。

首先，在深度网络的卷积网络方面提出了一种新的技术，即列方向的类卷积处理方法，该方法的实质是针对向量时间序列，但该序列的诸多分量时变特征不明显，使基于长短时记忆网络（istm）的分析有效性降低。例如在连续测量 3 分钟或者 5 分钟生理信号（如心电图）时，体重、体脂的变化并不明显。

卷积网络的工作机理促使我们思考，类似图像中大量不变化的背景信息在卷积滤波时会被排除，但是会通过第一层或者后续层的“全局”作用，提供一个类似“阈值”的作用，因此该方法非常适合这些测量周期中变化极小的生理数据。换句话说，它们相当于图像中的“背景”，我们在应用中也发现，它们的尺度是不同的。

其次，我们利用希尔伯特—黄变换（Hilbert - Huang transform，HHT）来测量周期时变剧烈的生理信号，并对信号进行本征模式分解（intrinsic mode decomposition，IMD），如图 3 - 9 所示。我们这样做的目的是延续前面的思路，利用本征分解将复杂的时间序列通过“扩维”来更好地让深度网络捕捉，实质上是形成更多的输入维度。

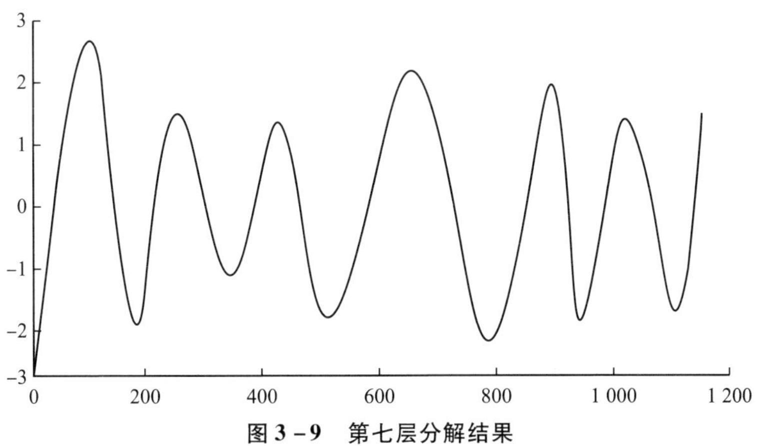

图 3 - 9　第七层分解结果

最后，我们将样本的简单统计特征考虑到输入信号中。理论上，足够深度的卷积网络是“通用逼近器”，能够逼近任何“关系”。但在实际训练时，为了获得简单的统计关系，大量训练被应用。我们尝试先提供简单统计关系，来减少训练速度，这形成了进一步的“扩维”，但结果导致了深度的降低，从实践结果看训练速度也获得提升。

我们考虑的数据是一个测量周期内不同类型的生理数据，在实际中测量周期是 3 分钟，其对应的搜集的数据如表 3－6 所示①。

表 3－6　　　　使用的生理数据

	数据	数据维度 × 时间维度
age	年龄	1 × 1
hr	心率数据	1 × 180
dbp	动态血压 *1	1 × 180
bf	脂肪率	1 × 1
wp	水分含量	1 × 1
br	呼吸频率	1 × 18
ds	饮食习惯 *2	2 × 1
sex	性别数据	1 × 1
ss	运动习惯	2 × 1
sc	情绪状态	2 × 1
ecg	心电图	1 × 1 800

注：*1 表示动态血压是通过指尖设备实时检测的数据，使用某些基于光电技术的数据并不可靠。

*2 表示这里数据维度为 2，是记录平时的饮食习惯和测量周期前最靠近的一次饮食情况，中医研究表明这两种都具有影响。运动和情绪类似。

需要说明的是，中医认为身体胖瘦和水分含量以及体质有一定关系，所以能够反映到脉象中；此外，当感知到脉象时，脉搏跳动传递到把脉人的手指上，也受到身体的脂肪含量、骨骼以及水分的影响。

---

① 我们最初考虑了多达 27 类的生理数据，很多数据来源于前期我们做手背纹理生理年龄识别的研究，但经过 11 名中医专家的判断，舍弃了 9 种，保留了 18 种，后经过实验，提炼了 11 种。

我们搜集的样本一共 4 710 例，这些样本都有对应的脉象标注，标注来自 11 位中医专家，在一些矛盾的样本上，我们进行了类似概率标注，这样的样本一共有 217 例。

脉象的分类我们使用了 11 类，分别是浮脉、沉脉、迟脉、数脉、虚脉、实脉、滑脉、洪脉、细脉、弦脉、常脉。中医中常用的脉象来自明代的李士材的《诊家正眼》中提到的 28 脉，是在李时珍基础上增加了疾脉得到的。但因为其余 17 种脉象数据较难获取，限于研究规模，我们局限为 11 类，后期在推向应用中将进一步利用迁移学习进行扩大。

所用卷积网络一共包括 9 层，具体说明如下：

- 扩维层：该层（操作）是利用统计特征和希尔伯特—黄变换方法进行扩维，后面进行详细介绍。通过扩维，上述 14 × 1 800 的数据，扩维为 21 × 1 800[①]。
- 卷积层 1：该层是利用短列向量与扩维后的数据进行卷积操作，并按照从上到下顺序形成输出层，我们在实践中发现利用 5 × 1 × 3 的卷积核效果可以平衡效率和精度，这里最后一个 5 是第 5 个卷积核，最后形成 5 层的输出，每个输出列向量维度为 17（21 − 5 + 1，当步进为 1 的时候）。
- ReLU。
- 池化层 1：该池化层与普通卷积网络相同，Max pooling。
- 卷积层 2：这里和卷积层类似，卷积核变为 5 × 1 × 8。
- ReLU。
- 池化层 2：与普通卷积网络相同。
- 全链接层和 Softmax。
- 分类层：输出为 11 类。

主要的扩维操作通过两个操作来完成。

希尔伯特—黄变换（HHT 变换），是一种自适应的多分辨率分析方法，将信号按照本征模态进行分解。我们使用的是其中的经验模型分解（图 3 − 9 给出了一个第 7 层的本征模态），它的特点是能够适合不同尺度

① 对于心电图数据，我们实际上在分解时使用 7 层 HHT 的经验模型分解，只保留了 7 层，故为 25，最后剩余的“误差”我们舍弃，但该做法还需要进一步验证。

的信号。我们在应用中主要用于心电图的信号分解。

对样本特征进行统计，加入特征维度。对于统计特征，有多种方法可以选择：

第一种是基于聚类的方案。这是我们使用的方法，该方法实际上是对测量周期内变化不敏感的生理数据进行聚类，把 4 710 例样本，划分为了 13 类，这样每例样本增加一个维度，即所属的类别（编号 1 到 13）为新增的一维。

第二种是基于直方图的方法。利用直方图统计特定数据，然后根据获得的每个样本所在的分位数，由此形成统计特征。直观上看，该方法统计粒度更细，效果应该更好，但是我们注意到，实际训练时间没有得到更好的改善，精度没有明显提升。

第三种是基于异常值的统计。实际上是对样本增加一个“距离样本中心的距离”的维度。当使用实际距离时并不会实际降低训练时间，但是如果分为 10 类距离范围，按照所属距离类则较好地降低训练强度。特别的，只需要标注是否是异常值（0 或 1）就可以在大多数随机梯度算法中减少训练时间。

我们使用的测试样本来自医疗机构提供的 120 例中医辨识数据样本，扩维后两层卷积层可以达到 92% 的准确率。但是如果不使用扩维，则只能达到 79% 的准确率，在扩充了一层卷积层后，可以达到 88% 的准确率，但训练速度相对慢了很多。表 3 – 7 给出了对比结果。

表 3 – 7　扩维后的对比结果

	两层扩维	两层无扩维	三层无扩维
准确率	92%	79%	88%
训练速度 *	75.04 (500)	140.79 (800)	170.33 (1 050)

注：* 这里训练速度取的第一次准确率为 100% 的时间。使用的训练方法是随机梯度方法 sgd，基于 Matlab，配置是 i5—4G。

表 3 – 8 和表 3 – 9 分别是未使用扩维和使用扩维的具体训练过程。

表 3－8　　未使用扩维的训练过程

	循环	时间	准确率（%）
5	250	44. 43	92. 31
7	400	71. 21	93. 66
8	450	79. 94	97. 22
9	500	88. 63	96. 44
10	550	97. 33	97. 44
11	600	106. 03	98. 22
12	650	114. 74	98. 22
13	700	123. 42	99. 01
13	750	132. 1	99. 32
14	800	140. 79	100. 00
15	850	149. 49	100. 00

为了节省篇幅，表 3－8 是 matlab 结果截取的最后一部分，准确率为训练时的准确率，表 3－9 亦是如此。

表 3－9　　使用了扩维技术之后

阶段	循环	时间	准确率（%）
5	250	34. 88	92. 97
7	400	53. 87	96. 09
8	450	61. 05	98. 44
9	500	75. 04	100. 00
10	550	81. 84	100. 00
11	600	90. 84	100. 00
12	650	100. 05	100. 00
13	700	106. 15	100. 00
13	750	115. 66	100. 00
14	800	121. 62	100. 00
15	850	135. 64	100. 00
15	870	142. 2	100. 00

第4章 车险中的人工智能和大数据

在讨论完人身险后，我们将目光转向保险的另一大分支——财产险。而在财产险中，与我们的日常生活息息相关的，自然是车险。随着科技的发展与人们观念的进步，车联网、互联网定损、自动驾驶等概念俨然成了热议的话题。本章从机器学习等角度出发，对于上述几类话题展开深入的讨论。

4.1 车联网兴起与广义线性模型

车联网是物联网中发展最快最为成熟的一个分支，通过传感与定位技术的创新，实时收集车、人与道路的信息，对车辆与用户进行更为高效的管理。根据中国物联网校企联盟的定义，车联网（internet of vehicles）是由车辆位置、速度和路线等信息构成的巨大交互网络。通过GPS、RFID、传感器、摄像头图像处理等装置，车辆可以完成自身环境和状态信息的采集；通过互联网技术，所有的车辆可以将自身的各种信息传输汇聚到中央处理器；通过计算机技术，这些大量的车辆的信息可以被分析和处理，从而能够计算出不同车辆的最佳路线、及时汇报路况和安排信号灯周期。

为推进交通运输业发展与缓解城市拥堵状况，推动车联网在各行业的发展是当前信息化与工业化融合的当务之急。近年来我国财险保费收入逐年攀高，但盈利水平仍不理想，究其原因，离不开传统车险保费定价形式单一导致大部分优质客户为少数驾驶行为恶劣的客户买单这一传统假设带来的恶性循环。传统的商业车险保费费率计算与消费者的实际行为水平并不相关，仅为基于保险公司过往统计数据进行计算的结果，在不同消费者之间并无差异。这不仅带来了行业内巨大的亏损，还在很大程度上降低了消费者满意程度，并不利于车险的长远发展。参考国外更为自主灵活的保费计算方法，引入互联网技术，尤其是车联网与大数据技术，成为车险费率改革中迫在眉睫的一项任务。

近年来，各项政策对于车联网这一概念的引进均表现出鼓励支持的态度：2011 年四部委发文要求“两客一危”车辆必须安装车载设备并接入交通运输部监控平台；2012 年保监会发布《关于加强机动车辆商业保险条款费率管理的通知》；2014 年八部委在指导意见中鼓励各级政府运用车联网技术缓解道路堵塞问题；2015 年国务院连续发文推动“互联网 +”的发展等。与此同时，商业车险费改的脚步也在加快，2015 年保监会发文正式启动商业车险改革，坚持市场化的方向与精细化定价，种种因素都为我国车联网保险的发展提供了良好的社会环境。

车联网技术在车险转型中的引入可以很大程度地推动服务模式、定价模式、理赔模式与销售模式的共同改进，有效地解决了低风险驾驶者与高风险驾驶者这两类极端人群的车险定价问题，达到了更高效地为社会分散风险的目的。但考虑到车联网的行业链十分复杂，在数据获取方面存在着隐私权可能受到侵犯与信息量过大导致风险整合能力不能满足需求等重要问题。

引入车联网对于我国车险行业的意义重大。一方面，车联网保险可以极大地帮助保险公司提高出险效率并精确理赔数额，从而降低成本；同时通过个性化定价有助于增强用户黏性，并达到提高客户满意度的效果。与此同时，车联网保险有助于消费者改善自身的驾驶习惯，便于不熟悉保险定价的消费者理解保费构成，并提高获得救援的效率，最终达到维护社会驾驶环境的安全稳定的目的。另一方面，监管部门尚未发布详细的监管标准等相关政策，一系列上层建筑的缺失使得车联网保险的发展无法全力推进，车载设备供应市场鱼龙混杂，不仅提高了成本，还有着降低用户黏性的潜在危害。最为人关注的是，即便现有技术已经可以完美地收集用户的驾驶安全与里程信息，如何有效处理这些庞杂的数据并确保客户隐私权不受侵害，这是当前人们热议的一个话题，也是车联网保险发展过程中最亟待解决的一个挑战。

在车联网的背景下，目前已有不少针对车联网保险定价的研究，其中基于广义线性模型的方法占据了主导地位。广义线性模型是处理离散型观测数据的一类有效统计模型。假设因变量 Y_1，Y_2，…，Y_n 是 n 个独立观测，服从指数型分布，即其有密度函数：

$$f(y_i \mid \theta_i,\ \phi) = \exp\left[\frac{y_i\theta_i - b(\theta)}{\phi} + c(y,\ \phi)\right]$$

其中，θ_i 和 ϕ 为参数，$b(\cdot)$ 和 $c(\cdot)$ 为函数。

假设 X_1，X_2，…，X_n 为对应于 Y_1，Y_2，…，Y_n 的 p 维自变量 X 的观测值。记 $\eta_i = x_i^T\beta$，其中 β 为 $p\times1$ 未知参数向量。假设 $E(Y_i)=\mu_i$ 并且 μ_i 与 η_i 具有关系，$\eta_i = g(\mu_i)$，$i=1$，2，…，n，称如此定义的模型为广义线性模型。

目前被采用较多的思路是，通过车联网技术获取驾驶习惯参数，基于该数据对驾驶人的行为风险水平进行分析，继而通过广义线性模型建立基于驾驶行为参数和过往索赔数据的风险评分模型，从而得到每种驾驶行为类型的评分结果。以此为基础，将驾驶行为得分作为新的定价因子，结合传统的定价模型与数据，得到基于车联网技术与广义线性模型的新型车险定价模型，从而计算出费率折扣比例。

综合来看，车联网保险的核心在于依据每个个体的驾驶行为习惯来确定保费费率，与当前的统一费率相比更为科学合理，也更有助于用户理解，从而达到改善保险公司经营情况与提高对客户的保障程度的双赢目的。但引入这一项新型技术，无疑对保险公司的精算水平提出了更严格的要求，数据收集、处理数据、引入模型与检验模型合理性等多个环节的计算方式，将与依据往年索赔比例等历史数据确定下一年保费的传统计算方法有很大的差异，对保险公司来说将会是除了安装车载设备外另一项较大的成本支出。而从费率计算方法中可以看到，融入了驾驶行为系数与广义线性模型后，车险费率将更加贴近驾驶习惯，并达到了真正意义上的奖励

"好司机"与惩罚"坏司机"的目的，更具有公平性与说服力。综合来说，这将会是一项对社会公众、城市交通与保险行业均有很大收益的技术，相信在详细的监管措施出台后，车联网保险将成为车险市场的中坚力量。

4.2 车联网与机器学习

4.2.1 车联网的数据介绍

了解了车联网后，我们需要进一步掌握车联网是如何实现的。典型的UBI数据包含了多个变量（维度、字段），一般分为车辆行为数据、车辆轨迹数据、车辆旅程数据，以及车辆参数信息和车辆附加信息。

（1）车辆行为数据包ID，包含行程ID、OBIid、VID、行为数据长度、行为数据向量、系统上载时间、系统确认时间等。

例如典型的数据形式如图4－1所示。

<table>
<tr><td>1</td><td>ID</td><td>tripid</td><td>obdid</td><td>vid</td><td>count</td><td>behaviors</td><td>AddTime</td></tr>
<tr><td>2</td><td>88BDD497-3</td><td>1E+11</td><td>21QN2G24</td><td>2X10A0D</td><td>5</td><td>2|32|842|116.268475|39.903358|18|</td><td>34:11.3</td></tr>
<tr><td>3</td><td>A66F72C8-6</td><td>1E+11</td><td>21JAYSEP</td><td>0X3050W</td><td>4</td><td>2|28|1360|116.357547|39.876353|17</td><td>47:40.7</td></tr>
<tr><td>4</td><td>BD92F26D-F</td><td>1E+11</td><td>21WNJDG6</td><td>134011Q</td><td>2</td><td>2|20|3634|116.342793|40.051871|38</td><td>33:35.1</td></tr>
<tr><td>5</td><td>DF76E7CD-1</td><td>1E+11</td><td>21B7LDS2</td><td>3J10D0N</td><td>4</td><td>2|23|393|116.408699|40.109173|0|2</td><td>05:12.9</td></tr>
<tr><td>6</td><td>106198DB-5</td><td>1E+11</td><td>21E72JLZ</td><td>023031Z</td><td>1</td><td></td><td>44:55.7</td></tr>
<tr><td>7</td><td>E146ACEE-4</td><td>1E+11</td><td>216A4N4U</td><td>230340</td><td>3</td><td>2|16|10662|116.251828|40.046321|9</td><td>30:22.6</td></tr>
<tr><td>8</td><td>FC362207-0</td><td>1E+11</td><td>21DFLYU6</td><td>0X30608</td><td>3</td><td>2|22|1132|116.429136|39.896354|34</td><td>37:03.3</td></tr>
<tr><td>9</td><td>FCE6E8A9-1</td><td>1E+11</td><td>212WNY00</td><td>023020Q</td><td>1</td><td>2|45|56745|116.759547|39.93419|65</td><td>46:56.6</td></tr>
<tr><td>10</td><td>A7BCC7A6-8</td><td>1E+11</td><td>219J00MR</td><td>0X30105</td><td>1</td><td>3|22|1346|116.148529|39.756224|17</td><td>45:22.7</td></tr>
<tr><td>11</td><td>B900CFD9-C</td><td>1E+11</td><td>21600JAE</td><td>0H20502</td><td>1</td><td>3|64|81432|118.586257|37.313205|1</td><td>54:48.1</td></tr>
<tr><td>12</td><td>F1A8180C-C</td><td>1E+11</td><td>21UU1R60</td><td>1310Y0B</td><td>11</td><td>2|19|1233|116.317814|39.945178|99</td><td>58:53.0</td></tr>
</table>

图4－1 行为数据形式

资料来源：由中国金融科技研究中心保险创新实验室相关信息整理可得。

其中，行为长度数据是用来说明行为向量中有多少次记录的，其中每个行为记录的数据是固定长度的，包括平均速度、最高速度、转速、记录时间等，该数据可能根据各家公司的定义不同而有所不同。例如以下是一个行为的完整数据：

2｜18｜10612｜116.251926｜40.043221｜92｜2016/12/2019:01:10

但实际中行为向量可能包括多段以上的数据，具体段数由行为数量决定。

（2）车辆轨迹数据。车联网的轨迹数据是通过车载 GPS 或者车载“移动基站”定位来获得的，但通常（在没有特别约定下）其记录轨迹点不会像“跑步”记录的轨迹点那么多，一般来说，它也包括多个维度，例如同样的 ID 记录（旅程数据、OBD、Vid）等，还包含重要的轨迹点数量、轨迹点位置向量、登记时间（update time）、上载时间、定位类型等。图 4－2 给出了对应的示例。

<table>
<tr><th></th><th>A</th><th>B</th><th>C</th><th>D</th><th>E</th><th>F</th><th>G</th><th>H</th></tr>
<tr><td>1</td><td>ID</td><td>tripid</td><td>obdid</td><td>vid</td><td>LocationCount</td><td>Track</td><td>UpdateTir</td><td>AddTime</td></tr>
<tr><td>2</td><td>A7AAD11B-</td><td>1.00211E+11</td><td>21L9N6Y6</td><td>0X20201</td><td>98</td><td>0|0|116.</td><td>31:57.7</td><td>31:57.7</td></tr>
<tr><td>3</td><td>5D84572F-</td><td>1.00211E+11</td><td>21UDEPYE</td><td>2V10E00</td><td>11</td><td>2|1|116.</td><td>40:31.3</td><td>40:31.3</td></tr>
<tr><td>4</td><td>095D7CBD-</td><td>1.00211E+11</td><td>21YUB4J5</td><td>3D20C0M</td><td>3</td><td>0|0|116.</td><td>31:21.9</td><td>31:21.9</td></tr>
<tr><td>5</td><td>6346D9DA-</td><td>1.00211E+11</td><td>216GRMDE</td><td>134020G</td><td>16</td><td>0|0|116.</td><td>25:08.8</td><td>25:08.8</td></tr>
<tr><td>6</td><td>FB57EF69-</td><td>1.0021E+11</td><td>21YRQCN2</td><td>0X3010M</td><td>96</td><td>0|0|116.</td><td>21:58.4</td><td>21:58.4</td></tr>
<tr><td>7</td><td>A1D9A60D-</td><td>1.00211E+11</td><td>219J44A2</td><td>1340802</td><td>8</td><td>0|0|116.</td><td>43:50.0</td><td>43:50.0</td></tr>
<tr><td>8</td><td>CA9F3131-</td><td>1.0021E+11</td><td>210GDQD4</td><td>2X10608</td><td>41</td><td>0|0|116.</td><td>33:15.9</td><td>33:15.9</td></tr>
<tr><td>9</td><td>5A1460F3-</td><td>1.0021E+11</td><td>21WNEYJS</td><td>1340602</td><td>18</td><td>6|1|116.</td><td>07:42.2</td><td>07:42.2</td></tr>
<tr><td>10</td><td>4D15EC19-</td><td>1.00211E+11</td><td>21002QGU</td><td>132020A</td><td>27</td><td>13|261|1</td><td>53:21.0</td><td>53:21.0</td></tr>
<tr><td>11</td><td>FE25D714-</td><td>1.00211E+11</td><td>21ACN6ZN</td><td>0I1020B</td><td>75</td><td>21|130|1</td><td>07:05.6</td><td>07:05.6</td></tr>
<tr><td>12</td><td>87722B1B-</td><td>1.00211E+11</td><td>216JANQW</td><td></td><td>50</td><td>0|0|116.</td><td>18:30.6</td><td>18:30.6</td></tr>
<tr><td>13</td><td>41D4577E-</td><td>1.0021E+11</td><td>21JAYSQ1</td><td>1B1050T</td><td>33</td><td>6|6|105.</td><td>37:33.2</td><td>37:33.2</td></tr>
<tr><td>14</td><td>DD712ED8-</td><td>1.0021E+11</td><td>21WWS9QE</td><td>0X3060E</td><td>17</td><td>0|0|116.</td><td>16:37.5</td><td>16:37.5</td></tr>
<tr><td>15</td><td>DC38A8A1-</td><td>1.00211E+11</td><td>21G6VZXU</td><td>0B2050I</td><td>6</td><td>26|5|116.</td><td>10:33.3</td><td>10:33.3</td></tr>
<tr><td>16</td><td>45A70D52-</td><td>1.00211E+11</td><td>21JGY006</td><td>3D10102</td><td>10</td><td>0|0|116.</td><td>14:54.8</td><td>14:54.8</td></tr>
</table>

图 4－2 轨迹数据形式

资料来源：由中国金融科技研究中心保险创新实验室相关信息查询而得。

这其中，轨迹点数量类似于行为数量，是对后面的轨迹点向量记录的点数进行说明。

而轨迹点位置向量，一般是记录汽车经纬度向量坐标，如果有多个轨迹点，则分别记录。在轨迹点经纬度数据外，一般还包括该位置的时间等。例如以下示例给出了 3 个位置信息的数据。

4｜0｜116.239898817274｜40.2198735894097｜21｜2015－09－25

11:39:04 | 3 | 3 | 0 | 116.239898817274 | 40.2198735894097 | 21 | 2015-09-25

11:39:04 | 2 | 0 | 1 | 116.23995686849 | 40.2199275716146 | 21 | 2015-09-25 11:39:16 | 4

一般来说，该记录不会记录具体的移动距离等，但是移动距离可以通过经纬度坐标进行计算。基于距离可以计算速度、加速度等，这些指标是车联网分析中经常用到的。

通过经纬度点进行距离计算，是将经纬度看作球面上的两点，然后计算这两点的球面距离，就得到车辆在两点的行驶距离。

这里我们假设地球是一个标准球体，半径为 R，并且假设东经为正，西经为负，北纬为正，南纬为负，要计算距离的两点分别为 $A(x, y)$、$B(x, y)$、x、y 是对应点的经纬度。

则根据球面几何：

$A(x, y)$ 的坐标可表示为（$R \cdot \cos y \cdot \cos x, R \cdot \cos y \cdot \sin x, R \cdot \sin y$）；

$B(a, b)$ 的坐标可表示为（$R \cdot \cos b \cdot \cos a, R \cdot \cos b \cdot \sin a, R \cdot \sin b$）。

于是，AB 的连接弧（也就是我们要计算的距离）对于球心所张的角的余弦大小为：

$$\cos b \cdot \cos y \cdot (\cos a \cdot \cos x + \sin a \cdot \sin x) + \sin b \cdot \sin y =$$
$$\cos b \cdot \cos y \cdot \cos(a - x) + \sin b \cdot \sin y$$

因此 AB 两点的球面距离为：

$$R \cdot \{\arccos[\cos b \cdot \cos y \cdot \cos(a - x) + \sin b \cdot \sin y]\}$$

这里，x、y、a、b 都是角度，最后结果中给出的 arccos 是弧度形式。该计算方法对于汽车行驶的距离计算是足够的，但是要注意计算精度问题。

另外一种基于 Google Maps 的计算方法是，利用 GIS 信息，将地球考虑为一个参考椭球体①，如图 4-3 所示。

---

① http://www.ga.gov.au/scientific-topics/positioning-navigation/geodesy/geodetic-techniques/calculation-methods.

大圆距离

	纬度			经度		
	deg	min	sec	deg	min	secs
第一点（A）	–37	0	0	148	0	0
第二点（B）	–37	0	0	149	0	0
距离（KM）	88.744					

方法：
（1）输入两点的经纬度数据（注意南半球纬度与西半球经度为负）。
（2）从中读取A点到B点的大圆距离（KM）。
（3）若需获得中间值，通过电子表格工具将隐藏行列展开。

图 4 –3　经纬度计算距离

更为精确的距离计算，是通过地球表面的 GIS 数据网格进行调整计算的，但本质上仍然是利用了球面几何的知识，这里不再展开介绍。

（3）车辆旅程数据（trip）。实际上车辆旅程数据是一个综合数据，它包含了前面的车辆自身行为数据和车辆轨迹数据，并通过转换形成了可以直接使用的数据形式。换句话说，是已经对“元数据”进行了“组织”和“统计”，如图 4 –4 所示。

	ID	tripid	obdid	vid	dtcheck_(	runningt:	distance_	oilaverag	speedcou	speedtri	speedupt:	speeddow	turntime:	outspeed	topspeed_	AverageS	dtcheck_on
1																	
2	4E0EA124-	1.00211E+11	21E0HF3V	1B10517	39:05.0	759	5100	1213	5	0 143 0 3	0	1	0	0	64	24.19	26:26.0
3	D582B14E-	1.0021E+11	2164UWD2	2X1080F	21:01.0	174	680	1331	5	0 29 0 3	0	0	0	0	32	14.07	18:07.0
4	7781B1D5-	1.0021E+11	210E94ML	3110207	37:08.0	46	23	4602	5	0 29 0 3	0	0	0	0	8	1.8	36:22.0
5	00DF759C	1.0021E+11	21002UYU	0A10505	55:20.0	1386	13063	1057	5	0 244 0 3	0	2	0	0	82	33.93	32:14.0
6	BF56C84C-	1.0021E+11	21YRQCN2	0X3010M	53:57.0	1746	6752	1139	5	0 570 0 3	0	0	0	0	45	13.92	24:51.0
7	3AEEB16F-	1.00211E+11	21JS4CSC	291070Q	27:51.0	815	4386	1736	5	0 148 0 3	0	0	0	0	62	19.37	14:16.0
8	F8956099-	1.0021E+11	214000N9	331010H	44:14.0	236	337	3042	5	0 116 0 3	0	0	0	0	31	5.14	40:18.0
9	F3D0B0A5-	1.00211E+11	21FXCS4J	230312	19:21.0	350	687	4749	5	0 223 0 3	0	0	0	0	43	7.07	13:31.0
10	DFD707B3-	1.00211E+11	216NUCWE	230200	21:27.0	3095	12649	1204	5	0 841 0 3	0	0	0	0	77	14.71	29:52.0
11	42998314-	1.0021E+11	21WS6HH4	2W10902	43:44.0	33	5	11815	5	0 14 0 3	0	0	0	0	3	0.55	43:11.0
12	E70912BA-	1.0021E+11	2100R46M	0X30516	39:50.0	779	5024	1080	5	0 123 0 3	0	1	0	0	67	23.22	26:51.0
13	7FF87F07-	1.0021E+11	21X46A0A	0N10F03	38:32.0	130	33	9116	5	0 64 0 3	0	0	0	0	6	0.91	36:22.0

图 4 –4　旅程数据形式

资料来源：由中国金融科技研究中心保险创新实验室相关数据查询而得。

在车辆旅程数据中，包括 ID 部分（ID，tripID，obdid，Vid）、加速次数、油耗水平、运行时间、距离、超速、最高速度、平均速度等。一般来说，对车辆进行风险个性化分析都是通过这些数据进行的。我们将主要利用这一类数据进行分析。

4.2.2 决策树机器学习预测保单出险索赔

决策树（decision tree）是最常用的机器学习方法之一，即使在深度学习火热的今天，它仍然是数据分析中最常用的分析方法之一，并且在预测结果方面排在前列。

本质上，决策树是一种有监督的学习方法，以树状图为基础，输出一系列简单的结果。或者说，其实是利用了一系列 if - then 语句来形成各种规则，最后输出结果。具体到车联网中，我们用它做这样的事情：根据已有的样本数据（10 000），来获得一棵决策树，并对其他的数据来进行分类，判断其是否会在保险期间进行出险索赔。

决策树在数据挖掘领域的主要作用是利用一系列规则对数据进行分类，它通过在特定条件下提供特定值来完成分类过程。一般来讲决策树分为分类树和回归树两种，分类树对离散变量做决策树，回归树对连续变量做决策树。

直观看上去，决策树分类器就像判断模块和终止模块组成的流程图，利用树的叶子分类结果。实际上，样本所有特征中存在着与其他特征相比更具有决定性的特征，决策树的构造过程就是找到这些具有决定性作用的特征，这个过程往往是递归的。

决策树的学习往往分为以下几个过程：首先，特征选择。从训练数据中众多的特征中，根据一定的选择标准来选择一个作为当前节点的属性，如何选择特征有着很多不同量化评估标准，从而衍生出不同的决策树算法。

其次，决策树生成。根据选择的特征评估标准，从上至下递归地生成不同的节点，直到数据集已经被完全地分到了叶子节点之下。就结构来说，递归结构是最容易理解的方式。

最后，剪枝。因为在实际的操作中，由于数据量太小以及可能存在错误数据的原因，决策树可能会出现过拟合现象，从而使得决策树无法实现对于数据的预测，因此决策树一般来说需要剪枝。

具体到决策树的常用算法，流行的包括 ID3、CART 和 C5.0。

（1） ID3 算法。

ID3 算法是根据信息论的信息增益评估和选择特征，每次选择信息增益最大的特征做判断模块，可用于划分标称型数据集。没有剪枝的过程，为了解决数据过度匹配的问题，可以裁剪合并相邻的、无法产生大量信息增益的叶子节点（例如设置信息增益阈值）。

（2） CART 算法。

CART 算法（classification and regression tree），即分类回归树算法，它是决策树的一种实现。CART 算法是一种二分递归分割技术，把当前样本划分为两个子样本，使得生成的每个非叶子结点都有两个分支，因此 CART 算法生成的决策树是结构简洁的二叉树。

（3） C5. 0 算法。

C5. 0 是决策树模型中的算法，1979 年由 J · R · 昆兰（J · R · Quinlan）发现提出，并提出了 ID3 算法，主要针对离散型属性数据，其后又不断的改进，形成 C4. 5，它在 ID3 基础上增加了对连续属性的离散化。C4. 5 算法是 ID3 算法的修订版，采用收获率（gain ratio）来加以改进方法，选取有最大收获率的分割变量作为准则，解决了 ID3 算法过度配适的问题。C5. 0 是 C4. 5 应用于大数据集上的分类算法，主要在执行效率和内存使用方面进行了改进。

下面我们利用决策树的 C5. 0 算法介绍一个对保单未来出险情况做预测的应用实例。

实际选用 14 803 笔保单，其中 10 000 笔作为训练数据集，4 803 笔作为测试数据集。目标是预测保单是否会在保险期限内出险索赔。实际预测结果如表 4 – 1 所示。

表 4 – 1　　预测结果

可能情况		预测结果		
		未出险	出险	合计
实际情况	未出险	3 260	366	3 626
	出险	795	382	1 177
	合计	4 055	748	4 803

测试集数据 4 803 笔，出险保单数为 1 177 笔，出险保单占总数据集的 1 177/4 803 = 24.51%，未出险保单占比为 1 - 24.51% = 75.49%。

实际出险保单 1 177 笔，实际出险且预测结果为出险的保单 382 笔，准确度为 382/1 177 = 32.46%。

实际未出险保单 3 626 笔，实际未出险且预测为未出险的保单 3 260 笔，准确度为 3 260/3 626 = 89.91%。

全部保单预测的准确度为（3 260 + 382）/4 803 = 75.83%。从全部保单的准确性来看，与全部未出险保单占比基本相同。但对出险保单的预测提高了（32.46% - 24.51% = 7.95%）7.95 个百分点，对未出险保单的预测的准确性提高了（89.91% - 75.49% = 14.42%）14.42 个百分点。

从上述分析来看，机器学习技术确实能够对保单品质进行更为有效的区分，从而提升经营效益。

另外，精算模型对数据数量和数据的时间周期相对较长，短期趋势往往会被忽略，而且精算模型并不太适合用于分类结果预测方面。统计方法则存在同样类似的情况，在出现新的趋势的初期，很难判断是属于偶然因素还是发展趋势。机器学习模型则可以根据数据的不断更新而自动更新模型参数，进而有效弥补精算模型和统计方法的缺陷。

4.2.3 支撑向量机的分类方法

支撑向量机（SVM）是在深度网络发展之前流行的机器学习方法，甚至在当时代表了“人工智能”解决问题的最高成就。例如人脸识别、推荐算法、客户画像、语音识别等，都有支撑向量机方法的应用，即使深度网络发展之后，支撑向量机仍然被用来配合进行学习和分类。很明显，用来预测保单在保险期限内是否出险，也是一个典型的支撑向量机可以发挥作用的案例。

支持向量机（SVM）是一个类分类器，正式的定义是一个能够将不同类样本在样本空间分隔的超平面。换句话说，给定一些标记（label）好的训练样本（监督式学习），经过支撑向量机算法可以输出一个最优化的分隔超平面，如图 4 - 5 所示。

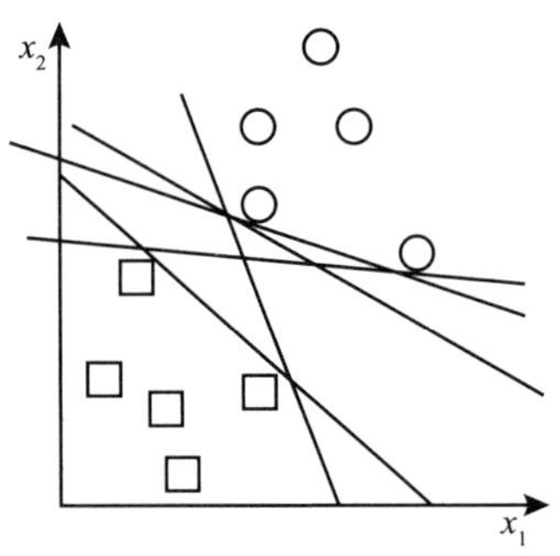

图 4-5 分隔超平面

但事实上大多数问题在问题所指定的维度内，并不能获得一个超平面，例如语音、图像等。从指定的维度来看，各类样本是混杂在一起的，找不到一个平面将它们较好地分开。

这时我们需要引入核函数。事实上，上面提到的超平面，可以从另外一个角度考虑：对于一个数据点 x 进行分类，实际上是通过把 x 代入 $f(x)=\omega^T x+b$ 算出结果然后根据其正负号来进行类别划分。而前面的推导中我们可以计算出：

$$\omega = \sum_{i=1}^{n} \alpha_i y_i x_i$$

这样分类函数可以写成如下的内积形式：

$$f(x) = (\sum_{i=1}^{n} \alpha_i y_i x_i)^T x + b = \sum_{i=1}^{n} \alpha_i y_i \langle x_i, x \rangle + b$$

对于非线性的情况，支撑向量机的处理方法是选择一个核函数 $k(x, x_i)$，通过将数据映射到高维空间，来解决在原始空间中线性不可分的问题。具体来说，在线性不可分的情况下，支持向量机首先在低维空间中完成计算，然后通过核函数将输入数据映射到高维特征空间，最终在高维特征空间中构造出最优分离的超平面，从而把平面上不易分割的非线性数据分开。如图 4-6 所示，一堆数据在二维空间无法划分，从而映射到三维空间里划分。

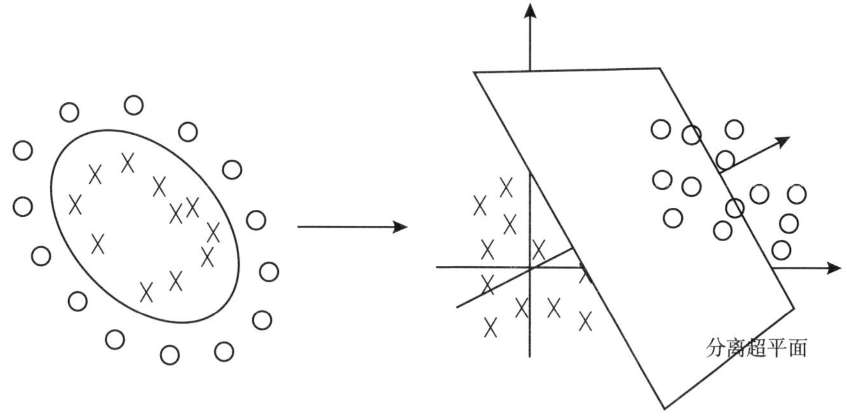

图 4-6　低维到高维划分思想

通常对于非线性关系，我们需要选择一个非线性特征集，并且将数据写成新的表达形式，这等价于应用一个固定的非线性映射，将数据映射到特征空间，在特征空间中使用线性学习器。因此，考虑的假设集是这种类型的函数：

$$f(x) = \sum_{i=1}^{N} w_i \phi_i(x) + b$$

这里 ϕ: X→F 是从输入空间到某个特征空间的映射，这意味着建立非线性学习器分为两步：首先使用一个非线性映射将数据变换到一个特征空间 F；然后在特征空间使用线性学习器分类。

而由于对偶形式就是线性学习器的一个重要性质①，这意味着可以假设最终的结果为训练点的线性组合，因此决策规则可以用测试点和训练点的内积来表示：

$$f(x) = \sum_{i=1}^{l} \alpha_i y_i \langle \phi(x_i) \cdot \phi(x) \rangle + b$$

如果有一种方式可以在特征空间中直接计算内积 $\langle \varphi(x_i) \cdot \varphi(x) \rangle$，就像在原始输入点的函数中一样，就有可能存在将两个步骤融合到一起建

① 可参考高等代数教材和 T. Hastie，R. Tibshirani，J. H. Friedman，*The Elements of Statistical Learning*. Springer，New York，2001.

立一个非线性的学习器，这样直接计算法的方法被称为核函数方法①。

一些常用的核函数包括：

- 多项式核

$$k(x_1,\ x_2) = (\langle x_1,\ x_2\rangle + R)^d$$

虽然比较麻烦且没有必要，但是这个核所对应的映射实际上是可以写出来的，该空间的维度是$\binom{m+d}{d}$，其中 m 是原始空间的维度。

- 高斯核

$$k(x_1,\ x_2) = \exp\left(-\frac{\| x_1 - x_2 \|^2}{2\sigma^2}\right)$$

这个核就是最开始提到过的会将原始空间映射为无穷维空间的那个家伙。如果 σ 选得很大的话，高维特征上的权重衰减速度将非常快，所以实际上（数值上近似一下）相当于一个低维的子空间；反过来，如果 σ 选得很小，则可以将任意的数据映射为线性可分——当然，这并不一定是好事，因为随之而来的可能是非常严重的过拟合问题。不过，总的来说，高斯核可以通过调控参数 σ 拥有相当高的灵活性，因此是使用最广泛的核函数之一。

一般来说，一个简单的支撑向量机包括如下几步过程：第一步，建立训练样本。以车险为例，是将 10 000 个样本作为输入。第二步，设立支撑向量机参数。我们分别用线性超平面和核函数作测试。其中核函数是提供非线性分类曲面。第三步，进行训练，获得支撑向量机参数。第四步，进行区域分割，获得不同样本所属的区域。第五步，获得支撑向量，并用于预测分类（用 4 803 个样本）。

表 4-2 和表 4-3 给出了利用超平面直接划分和利用高斯核划分的结果。从中可以看到，高斯核函数方法的支撑向量机效果更佳。

---

① 从这里可以看到，核函数方法也是一种通用方法，不是从属于 SVM 的，事实上也有核函数拟合密度函数等应用，本书的保险欺诈识别中的语音识别的介绍中，也会提到该方法。

表 4-2　线性直接分类

可能情况		预测结果		
		未出险	出险	合计
实际情况	未出险	2 101	1 525	3 626
	出险	732	445	1 177
	合计	2 833	1 970	4 803

表 4-3　高斯核支撑向量机分类

可能情况		预测结果		
		未出险	出险	合计
实际情况	未出险	3 329	297	3 626
	出险	986	191	1 177
	合计	4 315	488	4 803

4.3　基于深度学习的车险定损

在人身险中，我们已经使用了卷积神经网络进行优化处理。卷积神经网络一般用于图像识别和计算机视觉领域的分类中。一般来说，车辆事故损失的判断通常由定损人员前往现场拍照取证，同时结合自身经验与专业知识进行判断，而考虑到定损时的关键步骤在于判定车辆损坏程度与其经济损失程度，这与我们所了解的计算机视觉处理息息相关。但是定损所涉及的识别，与“在图片中识别物体，在连续视频中发现特定目标”有所不同，除了依靠车损的图片（如掉漆、凹凸等），还需要考虑车辆型号以及处理流程，也就是说其背后有诸多“知识”的辅助，或者换句话说，其样本分类更加复杂。需要注意的是，定损和通常的分类不同，需要利用到卷积网络的回归功能进行综合处理。

图 4 - 7 是一个简略版的样本分类库。这里把特质样本和公共样本分开，是为了通过迁移学习来实现更高的训练效率和更快的部署。

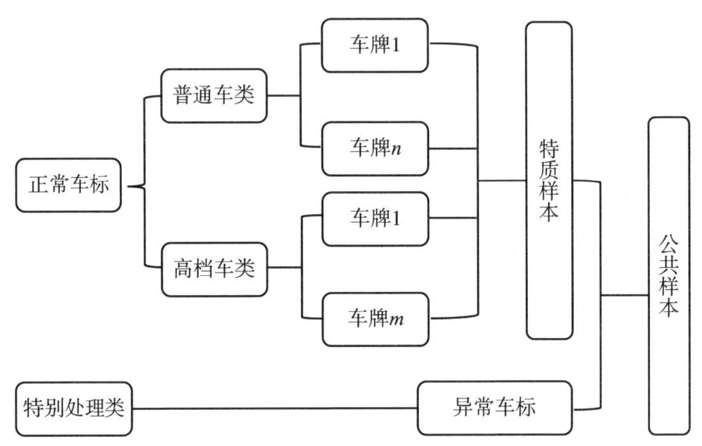

图 4 - 7　样本库类

资料来源：由中国金融科技研究中心保险创新实验室中可得。

实际上的定损依赖于图 4 - 7 中的样本库。作为一个简化的数据，一个实际中获得的数据可能是如下结构。

```
Struct Carloss
{
Cartype;
Carmaker;
Carselfcharacter;
Carage;
Carsupplements;
Picture series;
}
```

定损实际上是通过以上数据给出一个损失的量化数值。图 4 - 8 给出一个简单的定损流程。

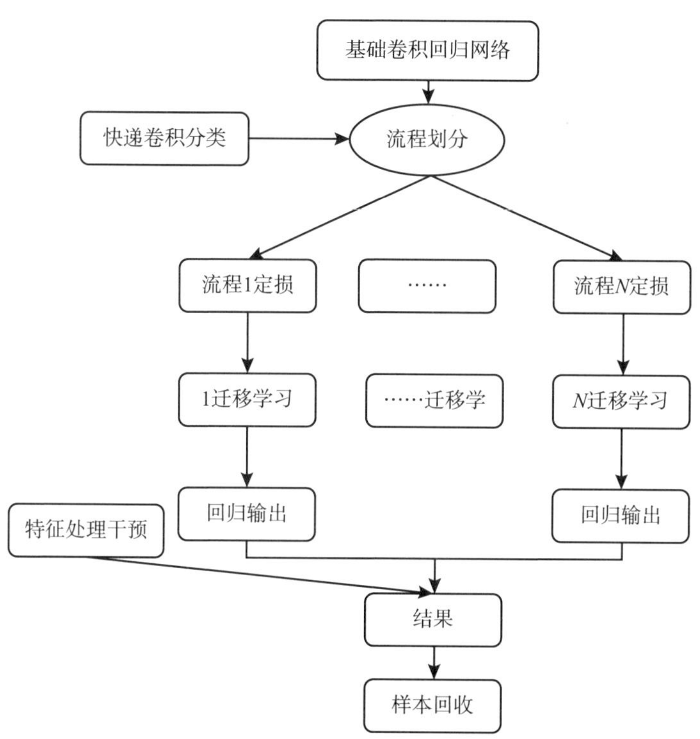

图 4 – 8　一个简单的定损流程

资料来源：中国金融科技研究中心保险创新实验室。

我们在研究中发现，车损使用的深度网络是基于 Alexnet 和 Googlenet 的。一般来说，Googlenet 识别更加灵活，更适合真实场景应用，其进行迁移学习的成本更低，但训练过程相对较慢。这里我们使用的是 Alexnet 的变形形式，一个经典的 Alexnet 的网络层和对应的有向无环图（DAG）如图 4 – 9 和图 4 – 10 所示。

可以看到，Alexnet 有 25 层。Googlenet 的层数较多，达到了 144 层，其有向无环图（DAG）表示也较复杂，如图 4 – 11 和图 4 – 12 所示。

```
25x1 Layer array with layers:

 1   'data'     Image Input                    227x227x3 images with 'zerocenter' normalization
 2   'conv1'    Convolution                    96 11x11x3 convolutions with stride [4  4] and padding [0  0  0  0]
 3   'relu1'    ReLU                           ReLU
 4   'norm1'    Cross Channel Normalization    cross channel normalization with 5 channels per element
 5   'pool1'    Max Pooling                    3x3 max pooling with stride [2  2] and padding [0  0  0  0]
 6   'conv2'    Convolution                    256 5x5x48 convolutions with stride [1  1] and padding [2  2  2  2]
 7   'relu2'    ReLU                           ReLU
 8   'norm2'    Cross Channel Normalization    cross channel normalization with 5 channels per element
 9   'pool2'    Max Pooling                    3x3 max pooling with stride [2  2] and padding [0  0  0  0]
10   'conv3'    Convolution                    384 3x3x256 convolutions with stride [1  1] and padding [1  1  1  1]
11   'relu3'    ReLU                           ReLU
12   'conv4'    Convolution                    384 3x3x192 convolutions with stride [1  1] and padding [1  1  1  1]
13   'relu4'    ReLU                           ReLU
14   'conv5'    Convolution                    256 3x3x192 convolutions with stride [1  1] and padding [1  1  1  1]
15   'relu5'    ReLU                           ReLU
16   'pool5'    Max Pooling                    3x3 max pooling with stride [2  2] and padding [0  0  0  0]
17   'fc6'      Fully Connected                4096 fully connected layer
18   'relu6'    ReLU                           ReLU
19   'drop6'    Dropout                        50% dropout
20   'fc7'      Fully Connected                4096 fully connected layer
21   'relu7'    ReLU                           ReLU
22   'drop7'    Dropout                        50% dropout
23   'fc8'      Fully Connected                1000 fully connected layer
24   'prob'     Softmax                        softmax
25   'output'   Classification Output          crossentropyex with 'tench', 'goldfish', and 998 other classes
```

图 4 - 9　alexnet 网络层

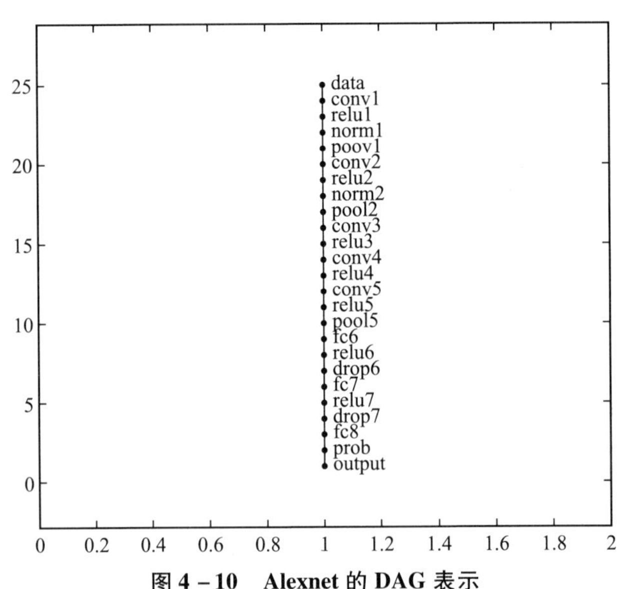

图 4 - 10　Alexnet 的 DAG 表示

```
115  'inception_5a-relu_3x3_reduce'   ReLU
116  'inception_5a-3x3'               Convolution
117  'inception_5a-relu_3x3'          ReLU
118  'inception_5a-5x5_reduce'        Convolution
119  'inception_5a-relu_5x5_reduce'   ReLU
120  'inception_5a-5x5'               Convolution
121  'inception_5a-relu_5x5'          ReLU
122  'inception_5a-pool'              Max Pooling
123  'inception_5a-pool_proj'         Convolution
124  'inception_5a-relu_pool_proj'    ReLU
125  'inception_5a-output'            Depth concatenation
126  'inception_5b-1x1'               Convolution
127  'inception_5b-relu_1x1'          ReLU
128  'inception_5b-3x3_reduce'        Convolution
129  'inception_5b-relu_3x3_reduce'   ReLU
130  'inception_5b-3x3'               Convolution
131  'inception_5b-relu_3x3'          ReLU
132  'inception_5b-5x5_reduce'        Convolution
133  'inception_5b-relu_5x5_reduce'   ReLU
134  'inception_5b-5x5'               Convolution
135  'inception_5b-relu_5x5'          ReLU
136  'inception_5b-pool'              Max Pooling
137  'inception_5b-pool_proj'         Convolution
138  'inception_5b-relu_pool_proj'    ReLU
139  'inception_5b-output'            Depth concatenation
140  'pool5-7x7_s1'                   Average Pooling
141  'pool5-drop_7x7_s1'              Dropout
142  'loss3-classifier'               Fully Connected
143  'prob'                           Softmax
144  'output'                         Classification Output
```

图 4－11　部分 googlenet 的网络层

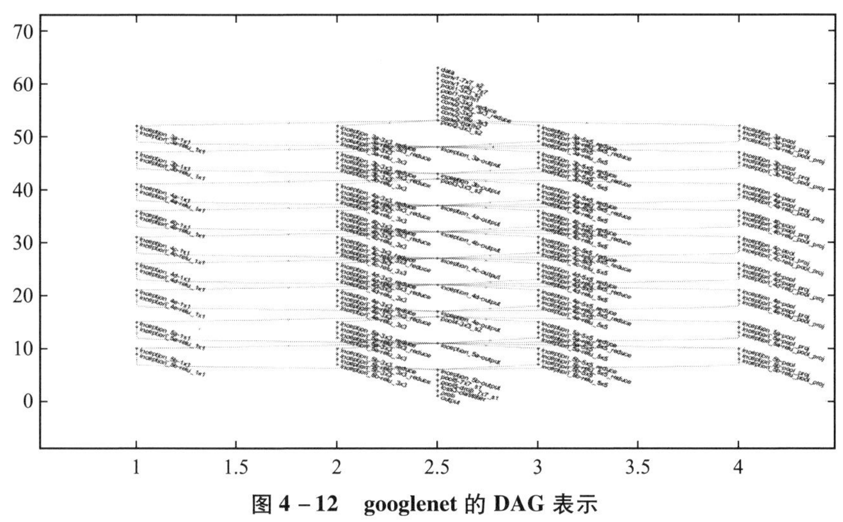

图 4－12　googlenet 的 DAG 表示

我们为了应对车损的特殊特征，将车辆修理方式考虑进去后，建议使用新的 Alexnet 网络，在这里，我们削弱了 Alexnet 的深度，但是增加了一个修理方式调整参数，同时引入了回归层，如图 4－13 所示。

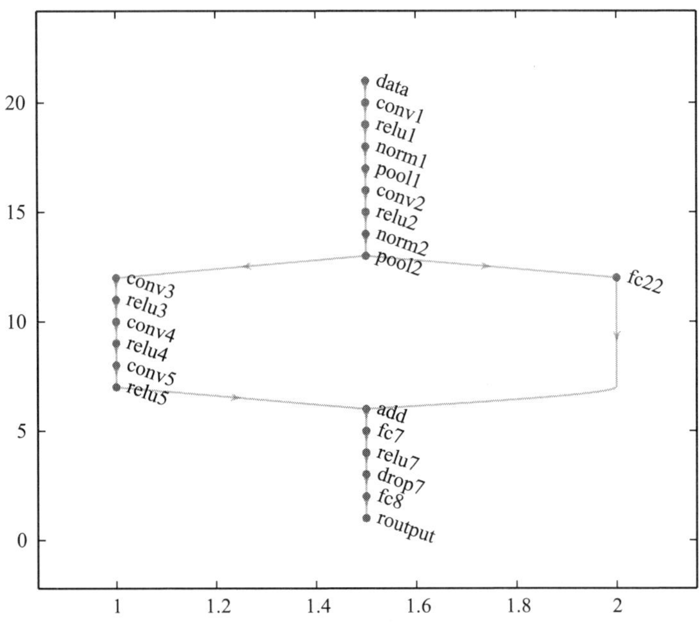

图 4-13　用于定损的深度网络的 DAG 表示

具体过程如下：

第一步，装载样本数据，即：

[trainImages, ~ ,Lossrate] = LosstrainingData。

第二步，对上述调整后的深度网络进行训练。这里我们以 10 类车型的车损数据为例来训练，使用的样本是 57 800 个，每类 5 780 个。该训练过程非常耗时，在图形处理器（Nvidia GTX 1050Ti 4G）计算的支持下，也需要大约 3 个小时才能训练完毕，具体的训练过程如表 4-4 所示。

表 4-4　训练过程示例

Epoch	Iteration	Time Elapsed	Mini-batch loss	Validation Loss	Mini-batch Accuracy	Validation Accuracy	Base Learning Rate
1	1	577.98	1.6741	1.5781	0.3	0.35	0.0001
1	2	1 597.05	1.6979		0.3		0.0001
1	3	2 098.98	1.7721	0.9946	0	0.65	0.0001
1	4	3 163.68	0.9014		0.7		0.0001
1	5	3 665.61	0.7419		0.9		0.0001

续表

Epoch	Iteration	Time Elapsed	Mini-batch loss	Validation Loss	Mini-batch Accuracy	Validation Accuracy	Base Learning Rate
2	6	4 152. 33	0. 2775	0. 3043	1	0. 95	0. 0001
2	7	5 140. 98	0. 2336		1		0. 0001
2	8	5 642. 91	0. 1627		1		0. 0001
2	9	6 129. 63	0. 2668	0. 1289	0. 9	0. 95	0. 0001
2	10	6 950. 97	0. 0874		1		0. 0001
3	11	7 422. 48	0. 0387		1		0. 0001
3	12	7 924. 41	0. 0693	0. 0753	1	1	0. 0001
3	13	8 745. 75	0. 1222		0. 9		0. 0001
3	14	9 232. 47	0. 0623		1		0. 0001
3	15	9 734. 4	0. 0122	0. 0474	1	1	0. 0001

第三步，我们使用训练后的网络对 100 个新车损来进行人工智能定损，并与实际定损结果进行了比较，其统计结果如表 4 –5 所示。

表 4 –5　　　误差统计

类别	人工均值	人工智能均值	偏差	偏差百分比（%）
类 1	467	556	89	19. 1
类 2	590	650	60	10. 2
类 3	710	777	67	9. 4
类 4	260	326	66	25. 4
类 5	1 050	1 134	84	8
类 6	390	440	50	12. 8
类 7	590	633	43	7. 3
类 8	980	1 031	51	5. 2
类 9	207	310	103	49. 8
类 10	1 300	1 381	81	6. 2

从上可以看到，定损结果基本令人满意，但对于类 9 的定损偏差较大。这是因为实际定损中对两处伤痕进行了合并覆盖，而人工智能进行定损时是直接相加的。考虑到我们的训练样本有限，同时进行研究的支持模式库仅包括有限的 36 条，总体来说该结果是令人满意的。

4.4 自动驾驶的实现与风险

自动驾驶已经成为业界关注焦点，许多人认为，再有 5 ~ 10 年的时间，自动驾驶技术将会推向商用。如今已有百度阿波罗自动驾驶开放平台、Nvidia 进军自动驾驶等。2017 年 9 月 26 日，Nvidia（英伟达）在北京正式召开 GTC China 大会。在本次大会上，英伟达发布了神经网络推理加速器 TensorRT 3，借助该推理引擎，将大幅提高机器人及无人驾驶汽车在终端的推理性能，并降低成本。此外英伟达也发布了全球首款机器自主处理器 Xavier，以及英伟达 Tesla V100 GPU。而在自动驾驶方面，英伟达推出了开放的自动驾驶平台 NVIDIA DRIVE。随着自动驾驶商用化的进程加快，我们也在思考这种技术对于传统的车险行业，将带来什么样的影响，而人工智能技术在其中又将起到什么样的作用。

本节中我们将一方面介绍自动驾驶技术中的卷积网络应用，另一方面介绍自动驾驶的风险以及保险在其中的位置。

自动驾驶使用的技术被称为端到端的学习，是典型的地面机器人学习方式。一个典型的训练数据采集系统如图 4 - 14 所示，这里是以 NVIDIA 的 DAVE - 2 为例。

在图 4 - 14 中，三架摄像机安装在汽车的挡风玻璃后面，而来自摄像机的时间戳视频是与人类驾驶员的转向角度同时被捕获的。转向命令是通过进入车辆的控制器区域网络（controller area network，CAN）总线得到。这样收集到的训练数据包含视频采样得到的单一图像，搭配相应的人类动作名，需要注意的是，只有来自人类驾驶员的数据是不足以用来训练的，网络还必须学习如何从任何错误中恢复，否则该汽车就将慢慢偏移道路。

因此训练数据还扩充了额外的图像，这些图像显示了远离车道中心的偏离程度以及在不同道路方向上的转动。

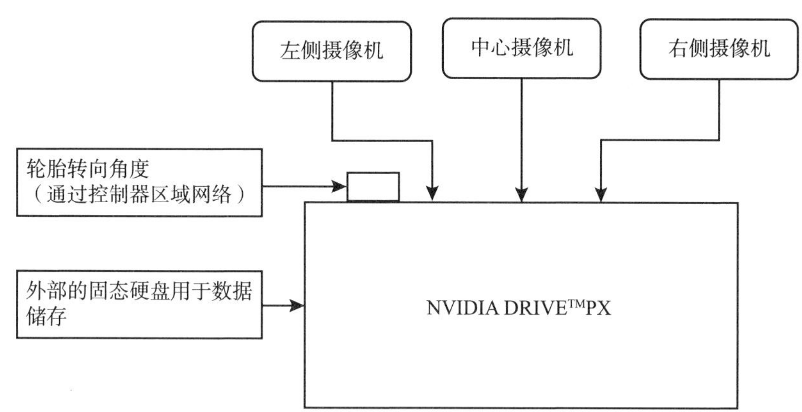

图 4 – 14　DAVE – 2 训练数据采集系统方框图（图片来源：NVIDIA）

资料来源：https：//www. nvidia. cn，NVIDIA 官网。

接下来这些数据将被卷积网络处理，如图 4 – 15 所示。

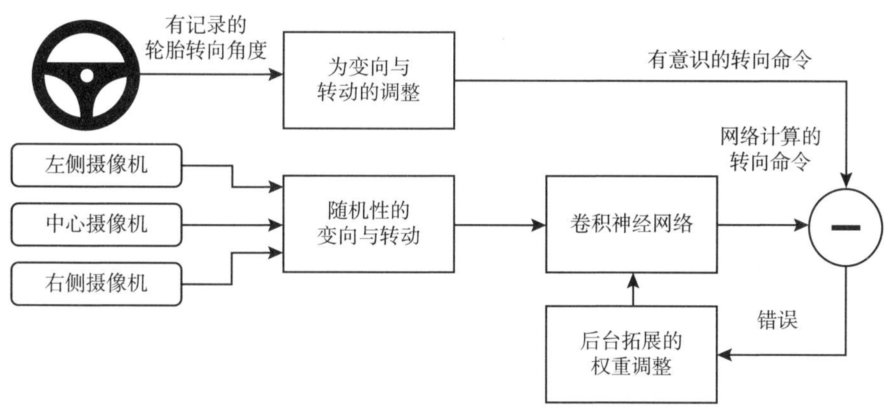

图 4 – 15　数据处理流程

资料来源：https：//www. nvidia. cn/，NVIDIA 官网。

如图 4 – 16 所示，图像被送入一个卷积神经网络，然后计算得出一个被推荐的命令。这个被推荐的命令会与该图像的期望命令相比较，卷积神经网络的权重就会被调整以使其实际输出更接近期望输出。

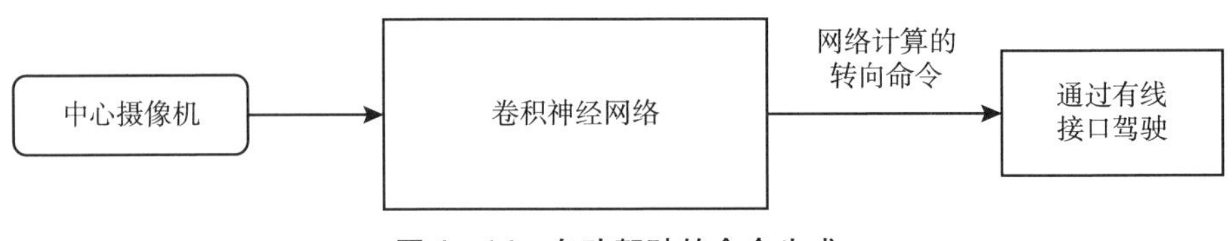

图 4－16　自动驾驶的命令生成

资料来源：http：//www. nvidia. cn/，NVIDIA 官网。

通过大量人类驾驶员的陪练，使卷积神经网络可以学习到对复杂环境的处理能力，例如利用网络就能够从单中心摄像机的视频图像中生成特定命令，并操纵汽车行驶。

训练网络的权重是尽量减少输出命令和理想命令的误差，一般用均方误差来表示。在 NVIDIA 的 DAVE－2 系统中，其使用的卷积网络结构如图 4－17 所示，该网络有大约 2 700 万个连接和 25 万个参数。

在这里，网络的第一层执行图像归一化。这个归一化器（normalizer）是硬编码的且不是在学习过程中被调整的。在网络中执行归一化允许归一化方案被网络架构更改，并通过图形处理器的处理得到加速。

同时，卷积层被设计用于进行特征提取，并通过一系列多样化层配置的实验被经验性的选择。然后我们在前三个卷积层中使用带有一个 2 ×2 步幅（stride）和一个 5 × 5 核（kernel）的步幅卷积（strided convolutions），在最后的两个卷积层中使用一个有着 3 ×3 核大小的非步幅卷积。

值得注意的是，在这五个卷积层后面加三个全连接层（fully connected layer），会得到一个最终的输出控制值。

一般来说，自动驾驶技术会比人类平均驾驶技术要好。图 4－18 给出了相应对比，可以看到在每类事故中，自动驾驶的事故率都很低，特别是在严重事故中，自动驾驶的事故率更低。这恰是我们对自动驾驶的期待。

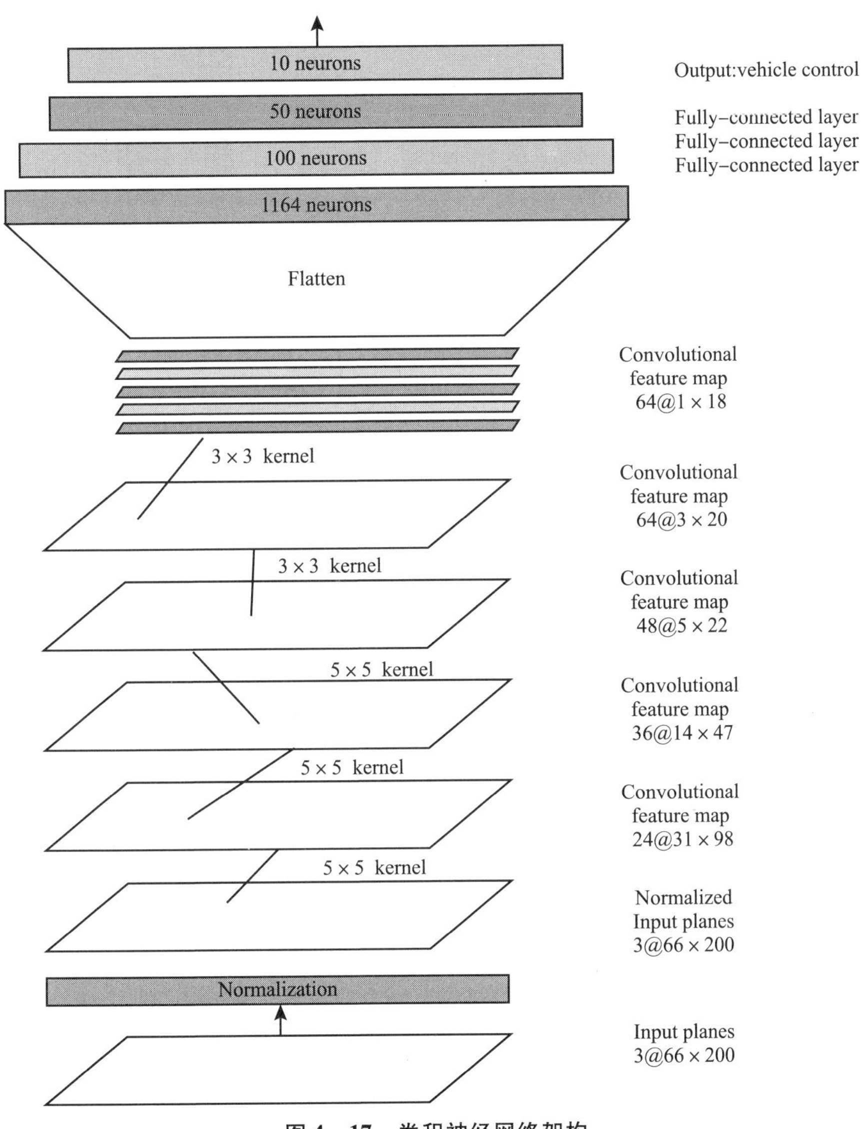

图 4 – 17　卷积神经网络架构

资料来源：https：//www. nvidia. cn/，NVIDIA 官网。

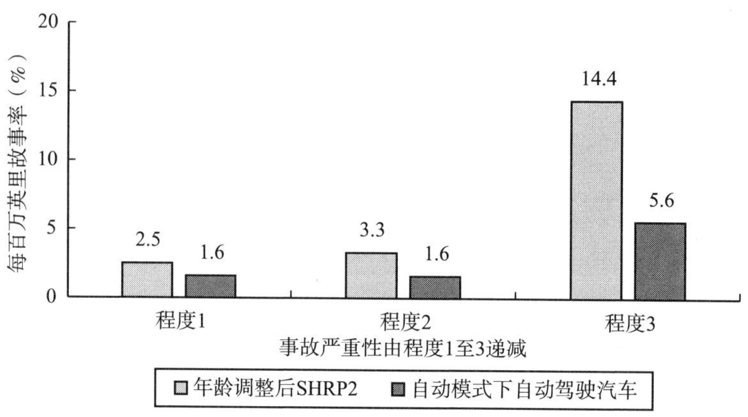

图 4－18　人类驾驶与自动驾驶的事故分析

注：第一类、第二类、第三类分别为按照事故严重性分类的严重事故，次严重事故和普遍事故；程度 1、程度 2、程度 3 分别表示事故严重性的类别。

资料来源：由中国金融科技研究中心保险创新实验室汇集资料整理而得。

图 4－18 中，自动模式下驾驶汽车的 130 万英里的自动驾驶数据来自 Google 无人车，而年龄调整后 SHRP 2 部分来自 SHRP 2 NDS 数据（SHRP2 NDS Data Access），有 340 万英里的驾驶数据。

表 4－6 给出了 Google 公布的自动驾驶的一些事故列表，而图 4－19 列举了 2017 年登记的自动驾驶事故的类型的具体信息，便于我们清楚了解。

表 4－6　　　　Google 自动驾驶事故

谷歌自动驾驶汽车　前 11 次事故汇总				
次数	时间	模式	事故	责任
1	2010. 05	手动	红灯位被追尾	第三方
2	2011. 08	手动	非测试，追尾前车	谷歌驾驶员
3	2012. 10	自动	红灯位被追尾	第三方
4	2012. 12	手动	行驶时被追尾	第三方
5	2013. 03	自动	并行被蹭	第三方
6	2013. 10	手动	停车位被追尾	第三方
7	2014. 03	自动	红灯位被追尾	第三方
8	2014. 07	手动	红灯位被追尾	第三方

续表

谷歌自动驾驶汽车　前 11 次事故汇总				
次数	时间	模式	事故	责任
9	2015.02	自动	过路口被侧撞	第三方
10	2015.04	自动	过路口被追尾	第三方
11	2015.04	自动	红灯位被侧蹭	第三方

图片来源：Google 官网。
资料来源：由中国金融科技研究中心保险创新实验室汇集资料整理而得。

2017
GM Cruise September 19, 2017
GM Cruise September 18, 2017
GM Cruise September 15, 2017
GM Cruise September 12, 2017
GM Cruise September 9, 2017
Waymo August 26, 2017
UATC LLC August 16, 2017
GM Cruise July 6, 2017
GM Cruise June 28, 2017
GM Cruise June 7, 2017
GM Cruise May 25, 2017
Google April 19, 2017
Google March 26, 2017
GM Cruise March 23, 2017
GM Cruise March 22, 2017
GM Cruise February 16, 2017

图 4 - 19　2017 年登记的自动驾驶事故分布

资料来源：由中国金融科技研究中心保险创新实验室汇集资料整理而得。

自动驾驶被寄予厚望，原因是它在几点上比人类要“更好”一点。首先，机器在感知上比人类强很多。机器上有各种敏锐的传感器、雷达、摄像头等，比人眼感知的范围更广，可以比人类更早做决策、更快做反应。而特斯拉曾经在2017年宣布进行硬件上的升级，能够让车“看到”人类无法看到的世界（更远、更广、更清晰），可以同时看到多个不同的角度，超越人类能够感知到的范围。

例如特斯拉的自动驾驶车辆，围绕车身装载8个摄像头（车头2个、左右车身各2个、车尾2个），提供360度视角以及250米距离的可视范围；同时车辆前置增强雷达，在不利的天气条件下（如雨、雾、烟尘等），能够提供更为清晰准确的探测数据。这些都是人自身感知能力无法达到的。而这还只是在特斯拉当前价格下能达到的硬件方案，随着硬件成本的进一步降低，我们能获得更好的方案。

如果无人驾驶普及度提高，车与车之间的通信也将成为可能，通过多场合融合的多种交流，无人驾驶的稳定性与安全性将大大提升。

其次，机器比人类精力充沛。在全球范围内，疲劳驾驶已成为导致交通安全事故的重要原因之一。根据美国国家公路交通安全管理局的统计可知，在美国的公路上，每年由于驾驶人在驾驶过程中进入睡眠状态而导致大约10万起交通事故。

最后，机器在心理上比人类更加理性，从而更加适合驾驶。人类会有情绪，会因为慌张、暴怒而做出危险的行为，但是机器不会犯这些错误，这是机器的一大优势。目前机器在做决策上或许比人类要差一些，特别是在面对各种极端情况以及不确定性时，会面临着需要人工辅助才能做出最终决定的窘境，但是随着技术的改进，这一劣势在不断缩小。从事无人车研发就是要不断地提升无人车处理各种极端情况的能力，覆盖各种可能的极端案例，把安全性不断增加。优势在于获得这些无人车提升的决策能力后可以迅速地转移到其他无人车上，这就是技术的魅力。

从保险的角度来看，自动驾驶技术将会对现有保险公司的“车险”业务产生冲击，整体的事故率降低会带来保费的收入降低，但同时也会带来索赔的减少，整体导致相应市场的萎缩。更重要的是，自动驾驶使得“驾驶”的“责任险”变得不再适宜，更多的将是“产品责任”或者“产品质量”。

由此，我们由衷地建议传统的财产保险公司不妨提前布局，考虑在自动驾驶普及之际的市场空间和切入点，争取提早准备好应对车险市场可能发生萎缩的措施，并积极思考未来车险的改革方向，做无人驾驶车险领域第一个“吃螃蟹的人”。

第 5 章

其他保险科技应用

在本章中，我们希望能够尽可能多地介绍我们所掌握的保险科技，将目光扩宽到传统意义上的保险产品之外，从不同的角度介绍保险科技对于保险行业的深层次影响。在 5.1 中，如何利用科技进行保险欺诈的识别将被详细阐述，而我们经常于报道中听闻的“区块链”将是 5.2 的主角。5.3 的关注点在于日益热门的个人健康管理——以跑步为例。5.4 主要介绍了自然语言的处理在保险业的应用。这听上去或许有些天方夜谭，但利用人工智能对自然语言进行处理的确已经经过应用被证实为可行且高效的方法，在后续的书籍中我们将对这个方面做出更详细的介绍。

5.1 保险欺诈识别

保险公司基于精算成本对投保人所面临的风险进行承保，但在承保周期内，风险是随机发生的。具体到每个个体而言，保险公司的赔偿可能远远超过保费，但考虑到投保人基数较大，其总体的风险一般是可控的。但是当个别投保人采用欺诈的方式进行索赔时，保险公司将面临着超过平均水平的风险，所给付的索赔金额可能会超过精算预期，从而严重影响保险公司的经营，因此保险公司需要进行对保险欺诈的识别。但从另外一个方面来看，保险公司需要考虑识别欺诈的成本，如果保险欺诈识别的成本大于由于欺诈带来的损失，保险公司可能要重新考虑策略。

在传统模式下，保险欺诈技术依赖于数据和经验，在这里，我们将引入人工智能技术。我们在一定程度上对这些技术的引入进行了有效测试，在某些保险公司也进行内部应用。需要说明的是，这是一个不断发展的方向，未来会有更多技术引入其中。

在引入人工智能技术时，我们需要考虑如下的保险理赔场景：在进行理赔的时候，保险公司理赔和核赔人员要多次与投保人或者索赔人员进行接触。在此过程中，相关人员也会通过言行举止来观察；通常来说，工作人员对投保人和索赔个体的真实情况比较了解，对于其进行索赔和理赔的真实性心理有大致的判断，这种判断会反映在表情和行为上。此外，考虑到很多保险公司已经进行了网上理赔和核赔，在这个过程中，双方通过视频进行交流，通过语音进行交流，此时理赔人员则较少关注于索赔个体的表情和行为变化，更多的是从逻辑角度去判断索赔要求是否合理。

很明显，绝大多数情况下，索赔个体对于自身的保险欺诈行为是自知的，当投保人就这项自知的欺诈行为向保险公司进行“合理性”说明的时候，需要做出心理上的重重建设——因为知道自己本不应该获得理赔。这种落差会导致表情和行为的异常。

我们认为，表情、行为、声音、逻辑等数据都是欺诈事件的作用结果，或者说这些数据都与欺诈有关。如果是保险欺诈，其表情、行为、声音、逻辑等都有特定的特征，那么我们可以认为在人工智能的帮助下，这些特征是可以进行识别的。

此外，针对这种识别方法有如下两点需要补充：第一点是这种识别是作为参考，而非最终判断，但这已经足够辅助理赔人员进行判断，降低保险公司费用。我们做了大致的估计，如果能达到 50% 的正确率，那么对 1 000 次的普通保险欺诈，可以为保险公司节省约 47 万元的理赔费用。第二点是这种识别是依赖于当前的人工智能技术进步的。表情识别特征复杂，人和动物可以进行识别是因为生物大脑的优势。在浅层学习时代，这种识别技术并没有获得有效的结果。在深度学习时代，基于多层网络的探索，这种技术慢慢变得可行。这是进行保险欺诈识别的表情分析方法的重要前提。

表情识别主要基于卷积神经网络，我们在第 3 章通过手背纹理识别生理年龄，以及第 4 章在车险定损中已经使用了卷积神经网络，在这里我们主要是对表情样本数据训练，并给出一些研究创新。

5.1.1 卷积神经网络及训练

卷积神经网络是一种多层神经网络，能够将数据量庞大的图像识别问题不断降维，最终使其能够被训练。卷积神经网络最早由杨立昆提出并应用在手写字体识别上（MINST）。杨立昆提出的网络被称为 LeNet，其网络结构如图 5－1 所示。

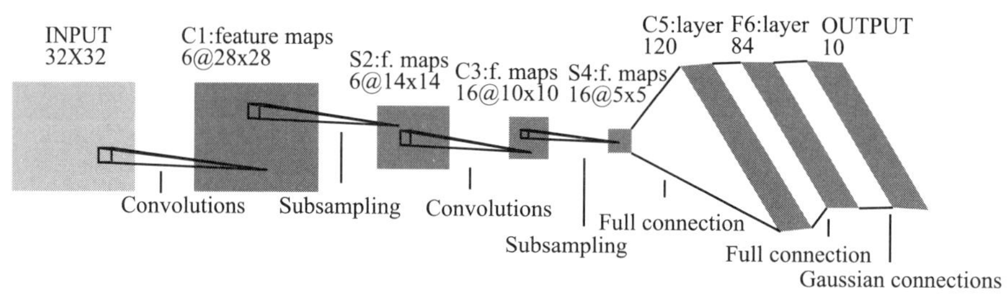

图 5－1 LeNet 的结构

一般来说一个卷积神经网络包括多个层：

（1）卷积层：卷积层有一个或者多个卷积核，卷积核的大小是可以设定的。卷积核的想法来自人类和动物视觉的“感受野”思想，人在对图像进行识别与感知时并不需要每一个神经元都对完整的图像做出反应，事实上，每一个神经元只需要对局部的图像区域进行处理，这个局部的处理也就是我们所说的“感受野”。在每一个“感受野”处理图像后，向更高一级的神经系统逐个反馈所得到的信息，而这个高一级的“指挥官”则肩负了综合处理的重任，最终我们的大脑才能得到一个完整的图像感受。受到这种思想的启发，我们将卷积核对应成大脑中的“感受野”，每个卷积核按照特定的操作对输入的图像进行扫描，在此过程中对扫描到的像素做卷积处理，最终汇总所有的处理结果构成一个新的卷积层。

（2）池化层：该层是用于降低维数，一般存在两种形成方式，一种是 avy pooling，另一种是 max pooling。前者是计算平均值后舍弃原始值，保留平均值，后者则是选中最大的值后将其他的丢弃。这样做的实质是进行了非线性变换，并大幅度降低了维数。

（3）全连接层：该层就是普通神经网络中相邻层完全连接，即上一层的任何一个顶点都与下一层的任何顶点连接。

（4）Softmax 层：该层实际上是一个全概率公式，用来判断所属类别，如下所示：

$$P(c_r \mid x,\theta) = \frac{P(x,\theta \mid c_r)P(c_r)}{\sum_{j=1}^{k} P(x,\theta \mid c_j)P(c_j)} = \frac{\exp[a_r(x,\theta)]}{\sum_{j=1}^{k} \exp[a_j(x,\theta)]}$$

（5）Relu 层：该层是一个阈值函数，实现非线性变换，即：

$$f(x) = \begin{cases} x, & x \geqslant 0 \\ 0, & x < 0 \end{cases}$$

下面我们用以下代码为例，构造一个简单的表情训练卷积神经网络：

```
layers = [ imageInputLayer( [ 28 28 1 ] )
convolution2dLayer( 3 ,16 , 'Padding',1 )
batchNormalizationLayer
reluLayer
maxPooling2dLayer( 2 , 'Stride',2 )
convolution2dLayer( 3 ,32 , 'Padding',1 )
batchNormalizationLayer
reluLayer
maxPooling2dLayer( 2 , 'Stride',2 )
convolution2dLayer( 3 ,64 , 'Padding',1 )
batchNormalizationLayer
reluLayer
fullyConnectedLayer( 10 )
softmaxLayer
classificationLayer ]
```

这是一个 15 层的卷积神经网络，其具体含义如图 5 -2 所示。

```
1   ''   Image Input             28x28x1 images with 'zerocenter' normalization
2   ''   Convolution             16 3x3 convolutions with stride [1  1] and padding [1  1  1  1]
3   ''   Batch Normalization     Batch normalization
4   ''   ReLU                    ReLU
5   ''   Max Pooling             2x2 max pooling with stride [2  2] and padding [0  0  0  0]
6   ''   Convolution             32 3x3 convolutions with stride [1  1] and padding [1  1  1  1]
7   ''   Batch Normalization     Batch normalization
8   ''   ReLU                    ReLU
9   ''   Max Pooling             2x2 max pooling with stride [2  2] and padding [0  0  0  0]
10  ''   Convolution             64 3x3 convolutions with stride [1  1] and padding [1  1  1  1]
11  ''   Batch Normalization     Batch normalization
12  ''   ReLU                    ReLU
13  ''   Fully Connected         10 fully connected layer
14  ''   Softmax                 softmax
15  ''   Classification Output   crossentropyex
```

图 5-2　一个卷积神经网络

如果利用5 000个表情样本对其进行训练，则训练的准确率和误差变化如图5-3所示。

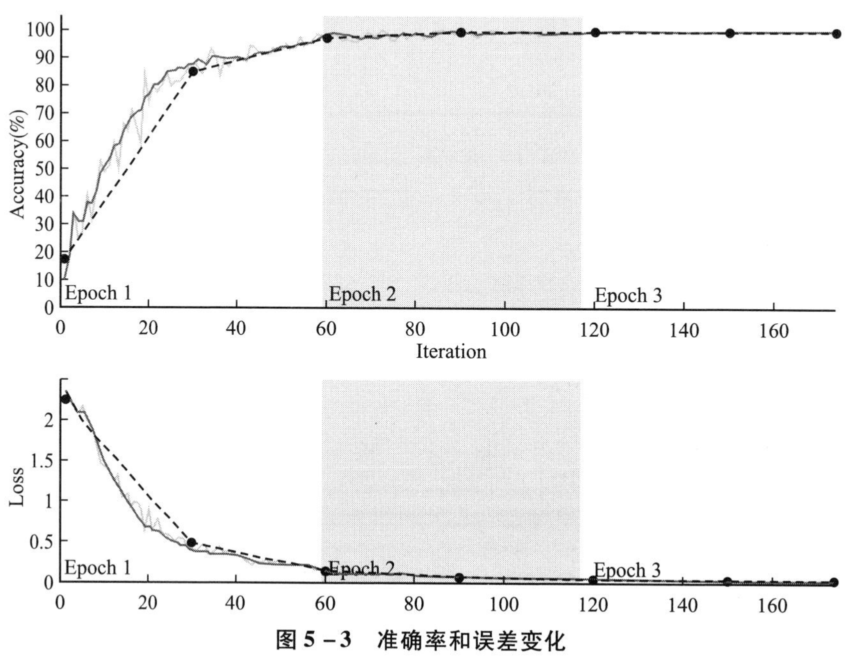

图 5-3　准确率和误差变化

资料来源：中国金融科技研究中心保险创新实验室。

以上是针对 5 000 个样本的训练过程。可以看到，在这个简单的卷积训练下，其准确度与误差率有着较理想的结果。但实际上，对于现实中形形色色的表情，该训练样本是远远不足的，因此该网络也需要根据庞大的样本量进行调整。

5.1.2 表情样本数据

通常来说，在训练时我们会给出一些制定的样本，例如会使网络学习一些笑容的照片，将这些样本记忆为“笑容”后可以识别其他照片中人物表情是否为笑容。但在保险欺诈中这一传统的手段不再适用，因为我们很难找到合适的欺诈型表情样本。所以通常的做法是利用多维度表情训练卷积网络，然后再经过分析给定样本的表情，最终得到欺诈的可能程度，如图 5－4 所示。

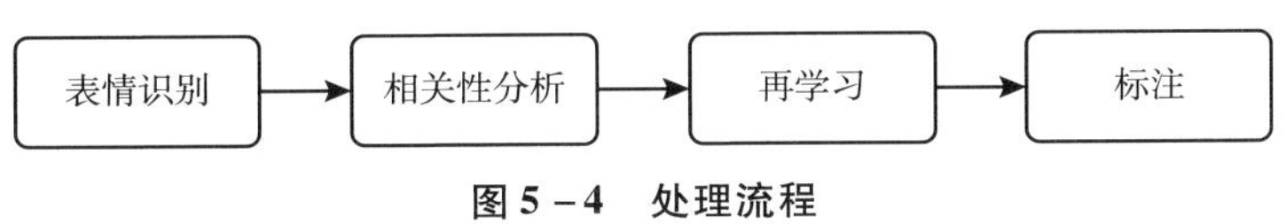

图 5－4 处理流程

通常表情有多类，例如愤怒、厌恶、恐惧、高兴、平静、伤心、惊喜和紧张等。这些表情与欺诈的关系需要基于心理学知识进行判定。例如，就相关程度来说，紧张系数最高，而其他的表情系数较低。图 5－5 是一个人脸表情数据库的部分示意图（来自 FERC－2003、CK＋和 RaFD）和一个可以进行表情识别的卷积神经网络结构。

一般来说，当用来训练的样本数据足够大时，才能很好地识别表情。但表情异常并不意味着欺诈发生，因此在对表情识别完成时，我们尚不能得到是否欺诈的结论，而是仅仅完成了识别欺诈的第一步工作。

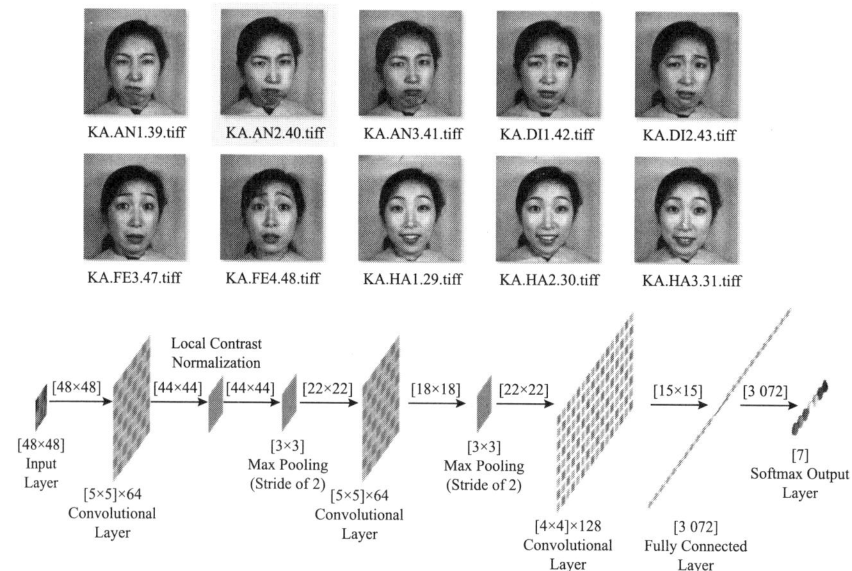

图 5－5　人脸表情及对应的卷积网络

资料来源：FERC－2003. CK＋和 RaFD 开源数据库。

5.1.3　从表情到欺诈甄别

在前面我们掌握了识别表情并分析处理的基本方法，本部分内容将介绍通过表情进行欺诈甄别的三种方案。

第一种方案是通过迁移学习的方式。在训练好的表情深度网络中，修改最后的表情输出，增加一层为回归层，然后利用少量的欺诈样本构造出最后一层和倒数后三层的权重。这样在有新的样本进入的时候，网络将根据计算出的权重产生一个欺诈可能性的判断，并做出提示。

第二种方案是利用统计中的距离判别分析思想。通过少量的欺诈样本对应的表情，对全部样本进行距离标注，按照距离大小给出欺诈的可能性，距离欺诈样本越远的概率越小。为了保证可靠性，可以利用 tanh（）函数进行插值。

第三种方案是通过心理学方法，赋予不同的表情不同的权重。例如赋予紧张这一表情要素一个较高的权重值，依据所赋权重计算出样本的最终得分，并结合保单和报案情况（例如频率等）给出综合判断。

事实上，在实际进行识别的时候，表情网络只是识别参数中的一个参数而已，影响欺诈识别结果的因素很多，其结构如图5－6所示。

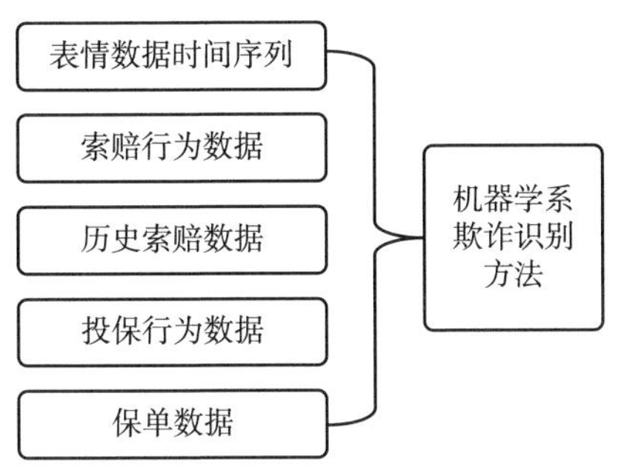

图5－6　数据结果综合应用

资料来源：中国金融科技研究中心保险创新实验室。

需要注意的是，我们在研究中，使用的并不仅仅是局限于固定某一个表情，实际上是利用了索赔时5分钟内的表情时间序列。该表情时间序列中各类表情的变化趋势对欺诈的判别有重大帮助。例如，我们通过分析表情中的紧张和高兴的趋势来发现可能的欺诈模式。图5－7上部分表示的是紧张的变化过程，而图5－7下部分表示的是高兴情绪的变化过程。

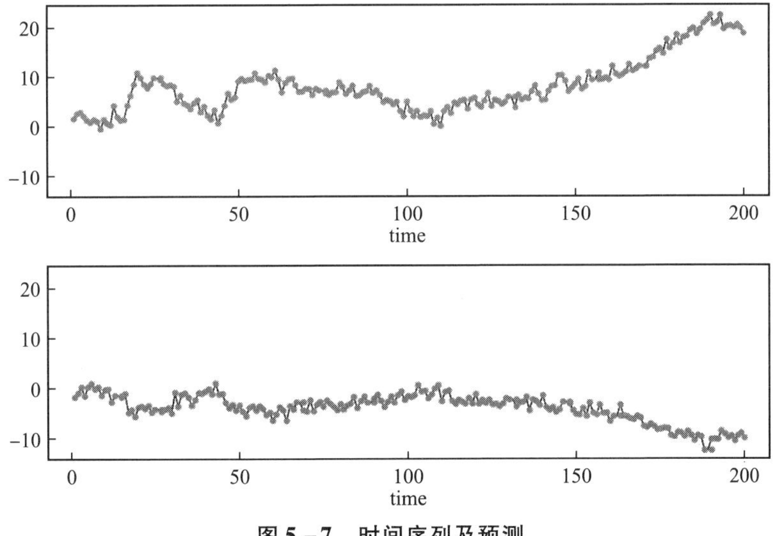

图5－7　时间序列及预测

资料来源：中国金融科技研究中心保险创新实验室。

还有一种更加可靠的进行欺诈甄别的方法是利用人脸视频图像。我们通过对人脸图像的特征抓取，结合人脸的微表情数据和眼球的变化方式来进行欺诈甄别，结合数据识别，可以达到80%的准确率。一般来说，进行保险欺诈时，绝大多数没有经历过训练的人们即使可以很好地控制自己的逻辑与意识，但是植物神经系统依然会控制血压和心率上升，同时带来脸部颜色的变化，这些变化可以通过视频帧前后的谱图进行捕捉。同时由于脸部神经的收缩和变化，会使得特征点沿着皱纹方向发生不自然的变化，该变化可以在头部对齐后，通过比对获得。针对这部分的深入研究仍在继续。

5.1.4 利用语音甄别保险欺诈

在保险公司接到报案时，通常仅仅针对报案的细节进行记录，但从数据与分析的层面来看，收集与分析报案过程对于保险欺诈的识别有着重大的意义。任何报案人，在报案时都会陈述案件过程，以尽量争取到索赔，中间有些许误差是可以理解的；但是对于自身已经明确就是在进行“保险欺诈”的报案人，可能会包含其他的信息，这些信息包括：

第一类，语义的逻辑信息。这并不一定是逻辑出现很大漏洞，事实上，因为是进行保险欺诈，报案人会对逻辑进行更加细致的思考，很有可能逻辑上更加“严密”。

第二类，语音信息。为了掩盖欺诈的事实，报案人可能会对语音进行调整，这些信息是重要的参考物并有着很高的研究价值。

第三类，底层声纹信息。通常来说，进行欺诈的事实，会使得大脑的潜意识控制发音器官产生自身意识难以觉察的变化，这些变化是进行语音识别欺诈的基础。

基于以上分析，我们认为利用语音分析进行保险欺诈识别也是一个十分实用的方法。传统的语音技术经历过了模拟时代和数字时代，当前诸多技术都是以数学和信息论为基础的。下面我们针对这些基础知识做出简单介绍。

基础1：傅里叶变换（Flourier transform）。

傅里叶变换（法语：transformation de Fourier、英语：Fourier transform）首先由法国学者约瑟夫·傅里叶系统地提出，它是一种应用广泛的线性的积分变换，它将信号在时域（或空域）和频域之间变换，这使得我们可以在时域内提取和处理信号，也可以在频域内提取特征和处理信号。该方法在物理学和工程学中有许多应用。

定义：傅里叶变换将可积函数 f∶R→C 表示成复指数函数的积分或者级数的形式：

$$f(\hat{\xi}) = \int_{-\infty}^{\infty} f(x) e^{-2\pi i x \xi} dx, \xi \text{ 为任意实数}$$

针对语音信号，x 表示时间，ξ 表示频率（以赫兹 Hz）的话，则在满足一定条件下，原函数可以由生成函数的逆变换计算出来。这被称为逆傅里叶变换（inverse flourier transform）。

$$f(x) = \int_{-\infty}^{\infty} \hat{f}(\xi) e^{2\pi i x \xi} d\xi, x \text{ 为任意实数}$$

基础 2：高斯混合模型。

高斯混合模型是用来拟合语音信号分量分布的。很显然，混合模型就是利用多个高斯分布来组合构造符合要求的“分布”。

$$p(x) = \sum_{k=1}^{K} p(k) p(x \mid k) = \sum_{k=1}^{K} \pi_k N(x \mid \mu_k, \sum k)$$

基础 3：隐马尔可夫模型[①]（hidden markov model，HMM）。

隐马尔可夫模型是用来描述一个含有隐含未知参数的马尔可夫链。在正常的马尔可夫模型中，状态对于观察者来说是直接可见的。这样状态的转换概率便是全部的参数。而在隐马尔可夫模型中，状态并不是直接可见的，但受状态影响的某些变量则是可见的。每一个状态在可能输出的符号上都有一概率分布。因此输出符号的序列能够透露出状态序列的一些信息。

基础 4：期望最大化算法（EM 算法）。

EM 算法全称是 expectation maximization，即期望最大化算法，在 1977

---

① Lawrence R. Rabiner，A Tutorial on Hidden Markov Models and Selected Applications in Speech Recognition. Proceedings of the IEEE，Vol. 77，No. 2，1989，pp. 257 – 286.

年由亚瑟·登普斯特（Arthur Dempster）、南·莱尔德（Nan Larid）和唐纳德·鲁宾（Donald Rubin）提出。该算法专门用来迭代求解极大似然估计。期望最大化算法的要点在于引入中间变量使得极大似然函数可以变形，然后该算法主要分为两个步骤，即E步和M步。在E步时算法配合引入的中间变量变形，对极大似然函数求出一个极大似然的估计值；在M步中利用Jenson不等式更新参数，得到一个比估计值更优的极大似然函数值。E步和M步交替进行，直到无法更新出更大的极大似然函数值，算法终止。

在了解了数学基础后，我们利用这些基础进行语音中的欺诈信息识别。在这个过程中，需要分为两个步骤来进行。

第一步是利用深度网络与高斯混合模型（GMM）、隐马尔可夫模型（HMM）的组合提取声纹。这种方法一般叫作DNN－HMM方法，其中，HMM用来描述语音信号的动态变化，而观察特征的概率则通过深度神经网络来估计。用于欺诈识别的时候，该概率可以利用预先的数据分析给出初始化。

我们在实际研究中，通过对原始信号的尺度分解，来更快地获得该过程的结果。研究表明，利用希尔伯特—黄变换（HHT）后，大量欺诈信息被集中在高频和低频部分，中间层在学习中被舍弃。特别的是，低频中的变化过程有显著的心理学特征，具体的研究将在我们的工作论文中介绍①。

第二步是利用自然语言理解来进行内容感知，并与模式库匹配。

5.2 区块链与保险

与前面反复强调的人工智能应用需要与场景结合一样，区块链的应用本质上也离不开与场景结合。在各种新闻报道中，我们已经看到它在货币领域、物流、信用领域等的大量使用。在保险行业中，也有公司尝试将区块链作为投保人的载体，这样保险人可以通过区块链进行投保人管理。尽

---

① 张宁：《通过语音识别心理特征的HHT－DNN－HMM方法》，工作论文，2017.

管这一做法听上去具备着很强的实际应用意义，但在实际操作中仍存在一些问题。从保险公司角度来看，区块链技术只是起到了一个交易记录、客户记录的功能，并没有深入到保险公司的核心业务层面。因此从这个层面上来说，区块链仅仅被当作一个工具，并没有从根本上改变保险业的一些特质。

我们注意到，在古老的保险形式中有一种保险和区块链的“去中心化”思想有特别重要的联系。这种保险就是“互助”保险。实际上“互助”保险是最早的保险形式，它过滤掉了普通保险公司的“聚集”作用，普通保险公司其实是充当了投保人之间的媒介，当一个人发生风险的时候，保险公司从许多其他人“已经预交到公司”的保费中拿出一部分给予“发生风险”的人。很显然，在这个过程中，保险公司需要一定的资金来维持自身运转和盈利，也就是说，正常情况下保险公司还会从保费中提取一部分应得的利润和运营费用。既然保险公司充当了“连接”的中心作用，那么互助保险其实不必限定于公司形式，也就是说区块链的去中心化似乎是直接可用的，至少直观上可以节省保费中包含利润和运营费用的部分，使得投保人可以获得更多的补偿。我们注意到这方面的学术研究较少。

而在考察保险行业的各个环节时，不难发现精算定价是保险公司运营的核心。无论是“互助”保险还是其他类别的保险，通过精算师对产品计算定价并进行风险管理是一个必需的环节。但如果按照传统的模式雇佣精算师，则逃不开“公司”这一环节，这与我们所期待的区块链应用是相悖的，因此我们从新的角度出发，希望可以将区块链应用于精算价格，从而对传统模式有一个较大的创新。

基于“互助”保险与区块链去中心的相似性以及精算实现的要求，我们进行了这项研究，并进行了实际测试。

5.2.1 说明与意义

这里我们将区块链技术用于金融保险的一个细分场景——“互助”保险。和一些概念不同，我们尝试将传统保险公司模式的诸多业务通过区块链动态实现，特别是作为核心的精算定价和核保业务，通过测试版一个月的运行以及模拟的结果来看，该研究结果可行并能够一定程度地捕捉传统保险公司不能捕捉的长寿风险信息，并支持对监管提供监管指标（如准备金评估等）。

区块链技术的价值体现在场景的融合和特定领域的支持程度上，“互助”保险这一高速发展的领域恰好契合了区块链的内涵，这在研究背景中已经做过进一步说明。更重要的是，定价和核保与区块链具有天然的联系，这体现在以下几个方面。

第一，区块链的增长，从场景来看，其实提供了捕捉定价基础数据的机会。我们在此基础上用 dx（发生索赔的人数）、lx（加入群体缴纳保费的人数）等作为基础数据，并逐渐构建出严密的层级流程。

第二，区块链的共识算法契合于“互助”保险的“内在声明”（即互助性质、共担风险），在此基础上，“互助”保险的定价结果具有实际意义。

第三，区块链的算法和加密能够保证核保核赔过程的隐私和可信度，在这里面我们提出有限随机志愿者机制，来完成具体工作。

在这些基础上，构造多种类型的定价机制和计算准备金基础，以及核保操作就是研究的重点。

特别需要说明的是，保险自身是一个基于数据的行业，我们的研究实现了人身保险重要的价值核心——生命表、发生率表、病死率表的逐渐形成并动态化，这对行业有巨大的参考价值。

在实际操作中，我们用寿险（含终身寿险，定为105岁的定期保险）、年金（含有期缴保费）和健康险中的重大疾病险来进行说明。除此之外，在我们的程序测试时还计算了两全保险、带有货币基金投资的年金和寿险，以及短期意外险（限制于交通工具）。

5.2.2 定价实现

为了使区块链不仅能够记录保险数据，还能够支撑定价和核保核赔业务，需要进行基于不同层次的业务细分：原始数据表及操作、定价数据表及操作、业务操作层（这里主要是核保核赔）等。

通过区块链的结构，构建的第一层级数据如表 5 - 1 所示。

表 5 - 1　　原始数据类

编码	类型	含义
1	interest	利率
2	lx	生存人数
3	dx	死亡人数
4	cx	患病人数
5	cmx	病死人数

资料来源：中国金融科技研究中心保险创新实验室。

针对原始数据类的核心操作包括如下几种：（1）利率向量拓展。该拓展记录对应的无风险利率，以形成利率时间序列，具体可以通过获取 Shibor 利率获得。（2）生存人数调整。相关事件包括加入、退保、核赔免保费。（3）死亡人数调整。核赔（限制于寿险）。（4）患病人数调整。核赔（限制于重疾险）。（5）病死人数调整。核赔（限制于重疾死亡）。

通过研究和抽取，每类定价数据表包括四类累积数据和三张动态表，如表 5 - 2 所示。

表 5 - 2　　寿险和年金定价数据类表

编码	类型	说明
1	Mx	死亡折现累计
2	Nx	生存折现累计
3	Rx	死亡累计的累积
4	Sx	生存累计的累积
5	Lifetable	生命表动态
6	Morbiditytable	重疾发生表动态
7	Dismortable	疾病病死表动态

核心操作和函数如下所示。

利率获得：$i = (\sum_t i_t)/n$

折现获得：$v = 1/(1+i)$

Mx 获取：$M_x = \sum v^{x+k+1} d_x$

Nx 获取：$N_x = \sum v^{x+k+1} l_x$

Rx 获取：$R_x = \sum_k \sum_x v^{x+k+1} d_x$

Sx 获取：$S_x = \sum_k \sum_x v^{x+k+1} l_x$

更新 Lifetable；

类似可以更新 Morbiditytable 和 Dismortable。

需要特别说明的是，上述更新采用的是规定利率折现，即按照该时点的过去利率平均得到的。实际上在程序中可以使用动态更新：

$$v^n = 1/(1+i_1)(1+i_2)\cdots(1+i_n)$$

只需要将上述折现因子换成该形式即可。这样考虑几种基本的精算定价，则根据更新后的数据可以进行计算。

（1）终生寿险（x 岁人）：

$$A(x) = \frac{M_x}{D_x} + C(1)$$

这里保费已经包括了折现，同时 C 为采用了信用抵保费的志愿者服务成本系数。下同。

（2）定期寿险（x 岁人，n 年）：

$$A(x,\ n) = \frac{M_x - M_{x+n}}{D_x} + C(2)$$

（3）终身年金：

$$a(x) = \frac{N_{x+1}}{N_x} + C(3)$$

（4）定期年金：

$$a(x,\ n) = \frac{N_{x+1} - N_{(x+n+1)}}{D_x} + C(4)$$

对于重疾保险，其定价数据类表和寿险和年金类似，只是将对应的 dx

换成 cx，对于包含死亡给付的，将 dx 换成 cmx，为了节省篇幅，这里不再累述。

这里需要说明的是志愿者成本。在核保核赔中引入的志愿者成本，从公平角度来看不应该是平均的，一种基于保费的简单做法如下：步骤 1，该段时间内历史的各类保费总额例如 P_1，P_2，…，P_k；步骤 2，对应的各类人数 n_1，n_2，…，n_k；步骤 3，获得各类的成本，例如 $C(i)$。

$$C(i) = C \times P_i / [n_i \times (P_1 + P_2 + \cdots + P_k)]$$

5.2.3 核保核赔实现

核保核赔是保险业务中最重要的工作之一，作为保险的购买者最能直观感受到的便是保险的核保核赔服务是否完善，为优化这两个过程，我们使用了两个机制来进行“区块链”上的核保核赔处理。

【有限随机志愿者机制】该机制是通过随机产生志愿者，来进行特定发生的核保和核赔机制。其核保和核赔会被记录并公开。

安全性评估：当志愿者足够多时，这个机制将有相对较强的安全性，但是这同时意味着大量投保人会被核保核赔所占用，这一点从操作上来看是不现实的。因此我们采用了一种信用评估方法，在公开信息中记录志愿者信用分数，并用动作标注该信用。这样在随机选择时会在控制劳动量和高信用上达到平衡。

【志愿服务信用机制】该信用机制是让志愿者信用可以获得相应的投保折扣，也就是说在该区块链“互助”保险中，整个运作的成本是：运作成本 = 保费 + 信用。

一方面我们鼓励参加“互助”保险的投保人主动承担一些“审核”工作；另一方面我们可以进行一定程度的“信用货币化”，即通过承担“志愿者”服务来积累信用，而信用可以按照比例兑换“保费”，在该模式下：全部保费 = 索赔损失 + 志愿者劳动成本。

为了充分利用区块链特征并进行两种机制核保核赔，我们对于区块中的个人信息进行分类，分别是非加密信息（公开信息如表 5 - 3 所示）和加密信息。

表 5-3　　公开信息

编码	类型	含义
1	Public key	链上地址（公钥）
2	Status	保险状态
3	Block time	链上时间
4	Anti code	防伪互助码
5	Volunteer	志愿者信用

其中链上地址，是需要被选中为志愿者。而个人的其他信息都是加密后记录的，别人可以获得但无法真正读取，如表 5-4 所示。

表 5-4　　个人信息

编码	类型	说明
1	Term	投保期限
2	Exhibit	证物链地址
3	Claim	索赔链接
4	Volunteer	核保核赔志愿者
5	Others	其他隐私信息

一个简单的核保核赔算法有以下几个步骤：步骤 1，基于志愿者信用和工作强度，随机选取志愿者；步骤 2，根据志愿者公开地址，进行请求确认；步骤 3，根据确认志愿者发送公钥加密的证物信息；步骤 4，核保归集并确认结果；步骤 5，核保结果确认入链，交易确认；步骤 6，更新志愿者信用。

在这个模式中有几点需要说明。

首先是志愿者数量。核保核赔本质上是确认资格，因为每个志愿者也是利益相关方，但"互助"保险的精神是互助有爱，通过我们对国内外"互助"保险公司的调研，也可以看到整体上互助保险核保核赔并未出现拒赔异常的情况，实际上还会比传统保险公司稍低一点。基于此，我们认为对寿险和重大疾病类有 3~5 个志愿者即可，而年金类有 5~7 个志愿者。

其次是核保归集方案。我们通过初期测试运行，认为该归集方案采用 2/3 通过就可以很好地保证效果。

最后是未来人工智能技术的引入。在此基础上可以使核保核赔机制更加智能化，减少志愿者负担。我们已经将前期的研究成果“基于生理年龄”的方案与重大疾病险的核保结合起来，大约可以节省 1/3 的志愿者负担①。

5.2.4 实践说明

基于该研究的区块链在 8 月份进行了内测（CMB）②，并通过校友和一些朋友进行了初步的增长，截至 9 月中旬一共进行了 1 788 个区块的链接。

在这些区块中，形成了 371 位投保人，共发生 39 次索赔和 17 次退保。为了表明该模式的区块链的自我发展，等同于保险公司业务的拓展，我们用随机的方法，在此基础上随机生成了 156 万区块链链接。最终根据这些区块链计算了动态生命表和重大疾病发生率表以及重大疾病死亡表，这些动态表比普通保险公司的静态生命表更加有效，我们基于 156 万模拟区块生成了 30 ~ 75 岁的生命表，并与最近刚公布的 10 – 13 生命表③作对比，可以看到，在该区间两者几乎是重合的，如图 5 – 8 所示。

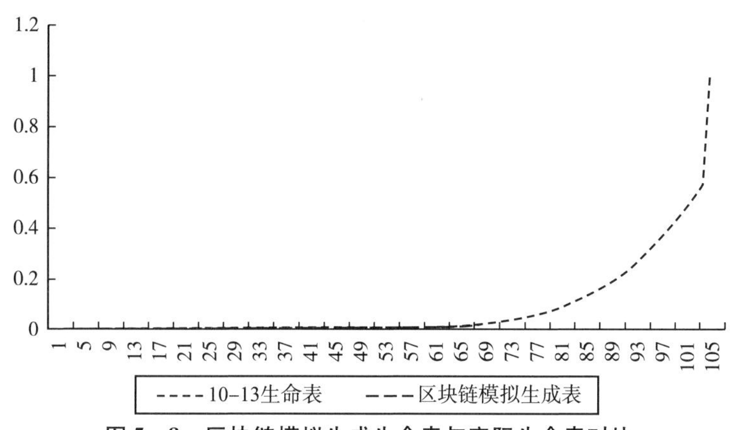

图 5 – 8 区块链模拟生成生命表与实际生命表对比

注：因为数据接近、故无法区分。
资料来源：中国金融科技研究中心保险创新实验室。

① 请见参考文献：张宁、赵爽：《融合精算定价的互补保险区块链实现》，载《保险职业学院学报》2018 年第 3 期。

② 实际测试的 CMB 除了前面的精算和核保核赔外，还包括期缴保费形式和准备金数据接口，同时保险险种也包括货币基金的投资形式以及纠错模式等。

③ 指《中国人身保险业经验生命表（2010 – 2013）》。

值得一提的是，我们在设计区块链时，将利率设计为动态数组形式，并在此基础上实现一定程度上带有投资功能的“互助”保险，利用沉淀的资金进行一定程度投资。当然考虑到安全以及复杂随机过程的实现难度，我们集中在货币基金的投资上，该功能是通过利率—货币基金地址来实现的。

出于监管的敏感性，我们的测试选择了内置“实验的虚拟货币”而没有进行具体的货币支付，但实际上，该过程是可以通过有限共有账户进行的。这种方式较麻烦，且需要银行系统的复杂接口，更直接的方式是通过创世链形成的公共账户进行的，即当作第0个投保人，也相当于其一直在发起索赔，只不过其索赔操作是可逆的，这样当真正的投保人发起索赔时，只需要进行逆向索赔，这与现实中的做法并无本质不同。

5.3 投保人群健康管理——跑步的小数据和大数据

5.3.1 背景说明

小数据的特点是从自身出发，通过积累自身数据来实现深层次的信息挖掘；而大数据是通过跨样本、跨领域的数据来进行信息挖掘。一般来说，在具体进行应用时需要综合利用大数据的多样本性与小数据基于自身出发的特征，才更利于得到科学合理的结果。

我们注意到，随着健康意识的提高，跑步的人群越来越大，马拉松参加的人数越来越多，整体举办的场数也迅速增长。引人注意的是，马拉松猝死事件也不断发生；同时各类保险客户中跑步的人群比例迅速上升。如何科学有效地进行跑步，成为跑步一族关注的重中之重。

而在人们的健康意识提升的同时，相应的服务需求也随之产生。现代保险业作为金融行业中最关注服务质量的一种，敏锐地捕捉到这种需求是其维持长久发展的必需能力。当今，已经有一些保险公司利用保险产品将客户紧密联系起来，例如平安将健康险与健康管理结合起来。

这里我们用跑步为例来初步感受一下，保险公司如何利用小数据和大数据为客户服务，对客户进行跑步指导和风险预警。

首先来看一下，利用个体的小数据能够获得什么信息。一般来说，我们在跑步时可以利用不同设备来记录信息。

手机：可以记录跑步的轨迹，通过连接蓝牙心率带或者 ANT + 心率带，记录心率；

手环或者手表：部分手环或者手表可以通过与皮肤接触的光电二极管记录心率数据等；

专业 GPS 手表：可以脱离手机，记录运动轨迹，部分手表可以连接心率带；

专业呼吸跟随设备：可以记录呼吸中的空气成分，探测有氧参与程度等；

其他设备：可以记录一些步姿、形态、肌肉肌电水平等。

这些设备中，我们一般常用的是手机和手环、手表之类的。特别提到的一点是，对于记录心率数据来说，大多数手环（依靠光电感应）都有较大的误差，特别是在运动中，所以笔者建议，真正的跑步爱好者，还是用心率带好一点。

此外，在跑步开始和跑步结束后用 ECG 所谓的心电图测试，可以保留心脏在运动前和运动后的状态，也非常有用，这些深入的分析我们暂且不提。

图 5 - 9 展示的是一个典型的心率带。

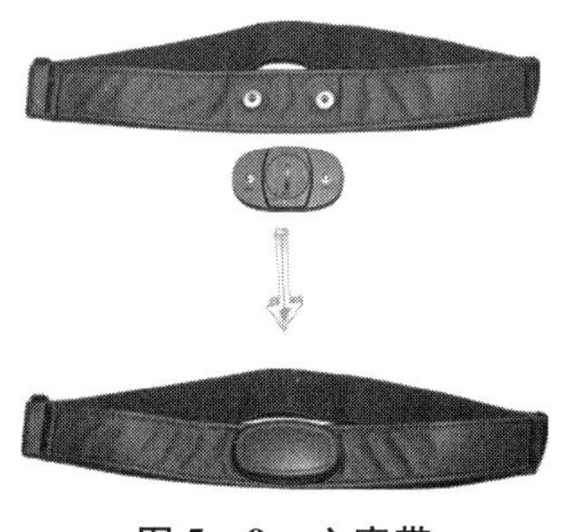

图 5 - 9　心率带

5.3.2 小数据分析客户跑步

一场跑步下来实际记录的数据有不同的格式，事实上大多数国产软件不提供数据，只能在 App 上进行查看。但许多国外厂商的跑步 App 可以提供数据下载，例如 Endomondo 等。对于各自厂商的数据一般有内部的格式，但对于跑步数据有两类格式是被许多厂商支持的，那就是 GPX 和 TCX，图 5－10 就是不同时间跑步的 GPX 数据文件。

_Run_gpx_2017-01-09.gpx	2017/1/10 11:56	GPX 文件	777 KB
_Run_gpx_2017-01-27.gpx	2017/2/5 17:11	GPX 文件	754 KB
_Run_gpx_2017-02-05.gpx	2017/2/5 17:09	GPX 文件	805 KB
_Run_gpx_2017-02-24.gpx	2017/2/24 11:43	GPX 文件	762 KB
_Run_gpx_2017-02-28.gpx	2017/2/28 10:46	GPX 文件	770 KB
_Run_gpx_2017-04-22.gpx	2017/4/22 9:51	GPX 文件	743 KB
_Run_gpx_2017-04-29.gpx	2017/4/29 12:24	GPX 文件	80 KB
_Run_gpx_2017-05-27.gpx	2017/5/27 14:19	GPX 文件	830 KB
_Run_gpx_2017-06-03.gpx	2017/6/3 12:00	GPX 文件	735 KB
_Run_gpx_2017-06-10.gpx	2017/6/10 10:56	GPX 文件	743 KB

图 5－10　GPX 数据

这就是每一次跑步典型的小数据，我们打开一个小数据，其内容如图 5－11 所示。

Time	Latitude	Longtitude	Heart Rate	Elevate Height	Distance	Seconds	Speed, seconds per kilo			Instant speed
2016-09-1	116.387858	40.010617	86	42	0	0	65535	2788454	492212.5	65535
2016-09-1	116.387875	40.010623	86	42	1.911604282	1	523.1208204	2788456	492213.1	523.1208
2016-09-1	116.387897	40.010625	87	42	4.358107551	2	408.7466437	2788458	492213.6	408.7466
2016-09-1	116.387922	40.010645	88	43	7.306759692	3	339.1380034	2788460	492215	339.138
2016-09-1	116.387948	40.010652	89	43	10.21700629	4	343.6134939	2788463	492215.8	343.6135
2016-09-1	116.387972	40.010662	89	43	12.92873354	5	368.7686505	2788465	492216.7	368.7687
2016-09-1	116.388002	40.010675	89	44	16.32295334	6	294.6185158	2788468	492217.8	294.6185
2016-09-1	116.38803	40.01068	90	44	19.44362882	7	320.4434448	2788470	492218.5	320.4434
2016-09-1	116.388062	40.010692	90	45	23.04873926	8	277.3840121	2788474	492219.7	277.384
2016-09-1	116.38809	40.010702	90	45	26.19812441	9	317.522295	2788476	492220.6	317.5223
2016-09-1	116.388118	40.010702	91	45	29.31013534	10	321.3356325	2788479	492221.1	321.3356
2016-09-1	116.388145	40.010703	92	44	32.31172981	11	333.1562642	2788482	492221.6	333.1563
2016-09-1	116.388175	40.010708	92	45	35.6538408	12	299.2120857	2788484	492222.4	299.2121
2016-09-1	116.388205	40.010707	92	45	38.98651268	13	300.0595422	2788487	492222.9	300.0595
2016-09-1	116.38824	40.010708	93	45	42.87623711	14	257.087621	2788491	492223.5	257.0876
2016-09-1	116.388273	40.010708	93	45	46.54323176	15	272.7028793	2788494	492224.1	272.7029
2016-09-1	116.388312	40.010725	94	45	50.95653335	16	226.5877328	2788498	492225.6	226.5877
2016-09-1	116.388342	40.010725	95	45	54.29055531	17	299.938036	2788501	492226.1	299.938
2016-09-1	116.388372	40.010718	96	45	57.64207882	18	298.3717693	2788504	492226.3	298.3718
2016-09-1	116.388398	40.010722	97	44	60.53837475	19	345.2685859	2788506	492226.9	345.2686
2016-09-1	116.388432	40.010725	97	44	64.32016055	20	264.4253413	2788510	492227.7	264.4253
2016-09-1	116.388457	40.010732	98	44	67.12007044	21	357.1543506	2788512	492228.5	357.1544
2016-09-1	116.388485	40.010732	99	44	70.23063494	22	321.4850562	2788515	492228.9	321.4851
2016-09-1	116.388515	40.010742	99	45	73.60090463	23	296.7121597	2788518	492229.9	296.7122

图 5－11　GPX 的数据内容示例

可以看到，其数据列表有：时间、经度、纬度、心率、高度、距离等。需要注意的是，其速度、距离、即时速度一般是可以自己计算的，也有部分软件提供了参考计算的数值（这里可以参考第 4 章经纬度计算距离的内容）。而对于数据中的速度和心率等可以画出奔跑轨迹。我们以一位朋友的跑步数据为例，以下各图分别表示了跑步的轨迹、跑步的速度、跑步的心率、跑步的高度等，如图 5－12、图 5－13 所示。

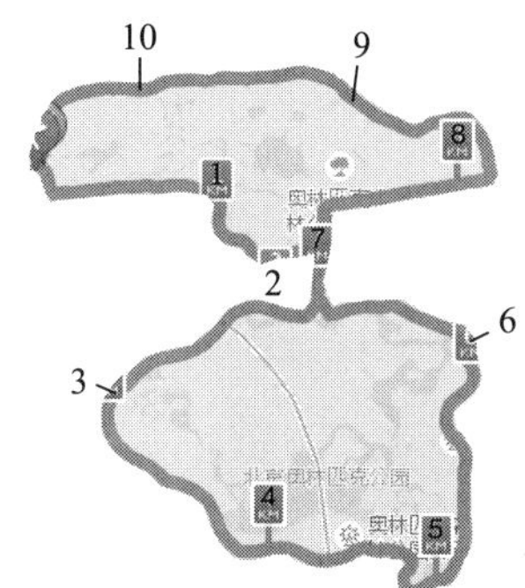

图 5－12　奔跑轨迹示例

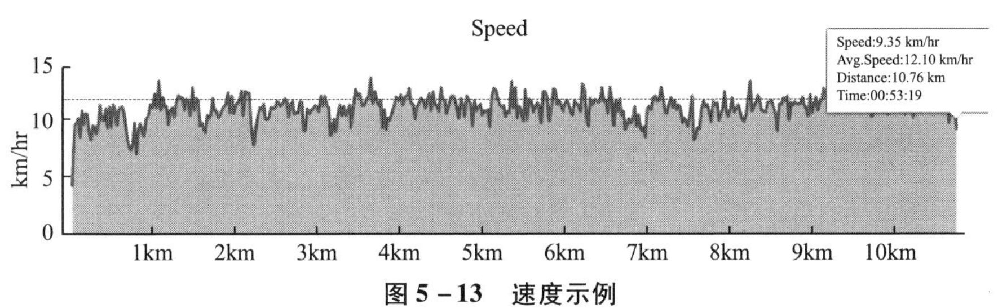

图 5－13　速度示例

对速度小数据的分析，可以看到我们估算出了在 99% 的比例下的速度上限，大约为 12. 7 公里，超过 12. 7 公里/小时的“公里数”不足 1%，这个在跑步中是一个训练上限，根据该朋友的最大有氧心率测定，这个速度上限是适合的，如图 5－14 所示。

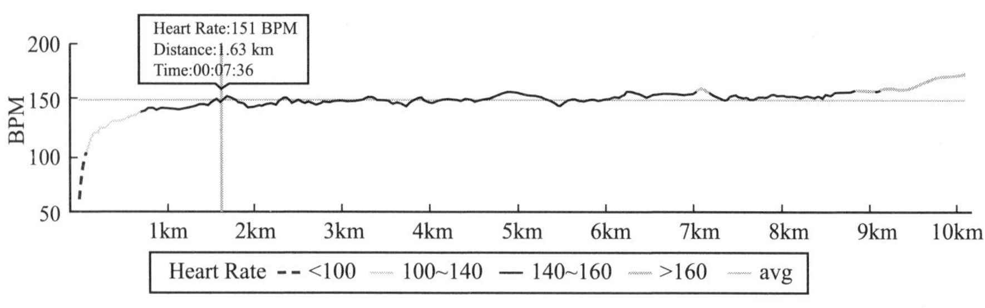

图 5－14　心率分析

有氧心率是：（220－年龄）×70%＝153 次/分钟。

所以整体上是有氧分解在支撑这次跑步。我们通过分析，用纯黑色表示了超过有氧分解的部分，注意，超过有氧分解的部分除了心率之外（大于 153 次/分钟），我们还会考虑持续时间，例如 5 秒以内的提升，不会引起有氧分解的明显变化，如图 5－15 所示。这位朋友就可以根据该分析，决定自己下次跑步时是否选择使用有氧分解来进行支撑。

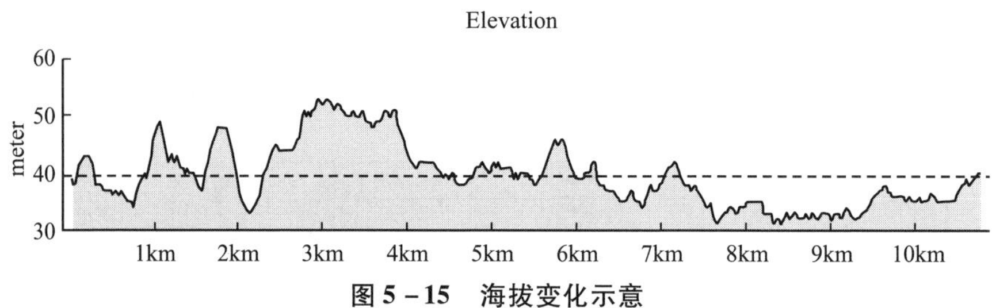

图 5－15　海拔变化示意

我们还会综合分析坡度、心率和速度，并根据分析给出有效提示，但是这次跑步因为坡度变化一般，我们没有进行处理，只给出了统计结果，如图 5－16 所示。

而下面则是每公里的配速，用每公里花的时间来表示（又叫配速，如图 5－17 所示）。

GPS/直线距离	9.99 千米		
曲线距离	10.04 千米		
时间	00: 44: 56	行进时间	00: 44: 57
		休息时间	00:-01:-01
平均速度	13.34 千米/小时	行进速度	13.34 千米/小时
最高高度	58 米		
最低高度	33 米		
上坡能量	6793 焦耳		
累计抬升	59 米		
累计下降	54 米		
	距离	时间	平均速度
上破	3.83 千米	00: 17: 45	12.95 千米/小时
平地	2.01 千米	00: 08: 57	13.45 千米/小时
下坡	4.16 千米	00: 18: 15	13.66 千米/小时

图 5－16　综合分析

Cumulative distance	Pace
1 KM	5:13 /km
2 KM	5:00 /km
3 KM	5:04 /km
4 KM	4:49 /km
5 KM	4:52 /km
6 KM	4:51 /km
7 KM	5:04 /km
8 KM	4:59 /km
9 KM	4:58 /km
10 KM	4:55 /km
11 KM	4:49 /km

图 5－17　每公里配速

图 5－17 的配速表，其实已经说明，该朋友跑步速度还是相对稳定的，但稳定分析依然能够给出一些建议和评估（如图 5－18 所示，综合评估）。我们的稳定分析会综合考虑心率、速度等因素。

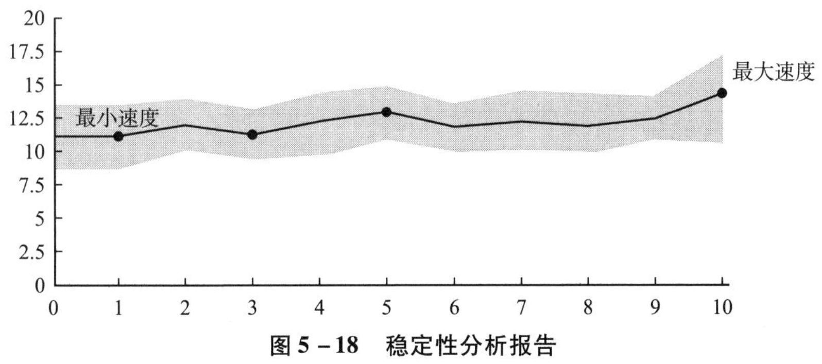

图 5－18　稳定性分析报告

基于运动生理学的理论，我们可以给出该小数据分析后，评估的最佳速度分析结果，该结果表示，不同距离的最好成绩，如图 5－19 所示。

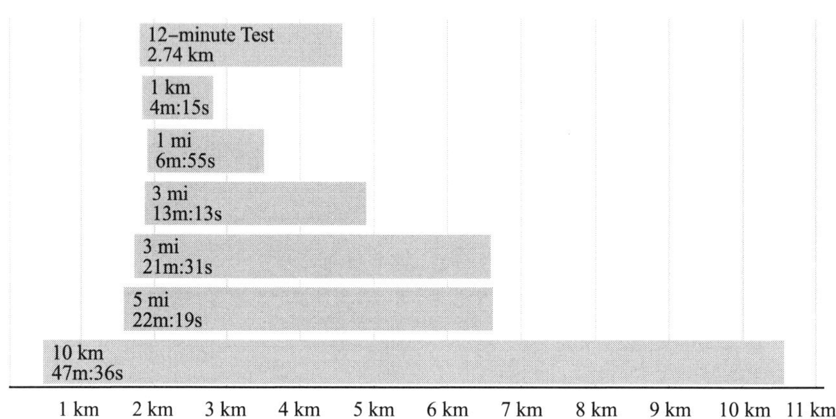

图 5－19　综合评估结果

5.3.3　利用大数据来分析马拉松

5.3.3.1　问题及分析

在投保的客户中，不乏马拉松爱好者，他们经常在保险公司客户管理的在线问题中提出一些专业问题，例如，问题 1：非专业选手马拉松成绩随着年龄有什么样的变化，或者说，大约在生命的什么位置，大多数非专业选手达到了最好成绩？问题 2：对于难以企及的专业选手来说，其取得最好成绩的年龄段是什么样？问题 3：哪些措施或者深层次原因，真正起到了以上原因的核心作用。这些问题的解答，需要将个体的小数据与大数据结合起来。

首先我们对不同的年龄段进行了最好成绩的筛选，筛选出不同年龄段的最好成绩，然后来比较一下，哪个年龄段是“最好成绩”的持有者，哪个年龄段的平均成绩最好，哪个年龄段的成绩方差最小（即人们的成绩相差最小，整体水平差距不大）。这样的分析分别对专业选手和非专业选手进行，看所谓的“精英”选手和普通爱好者的差距是否有明显的变化。

把年龄段划分为 12 组，分别为：

16～19；20～24；25～29；30～34；35～39；40～44；
45～49；50～54；55～59；60～64；65～69；70～74。

我们对每个年龄段的最好成绩进行提取，并对 2001～2016 年数据进行箱体统计，如图 5－20 所示。

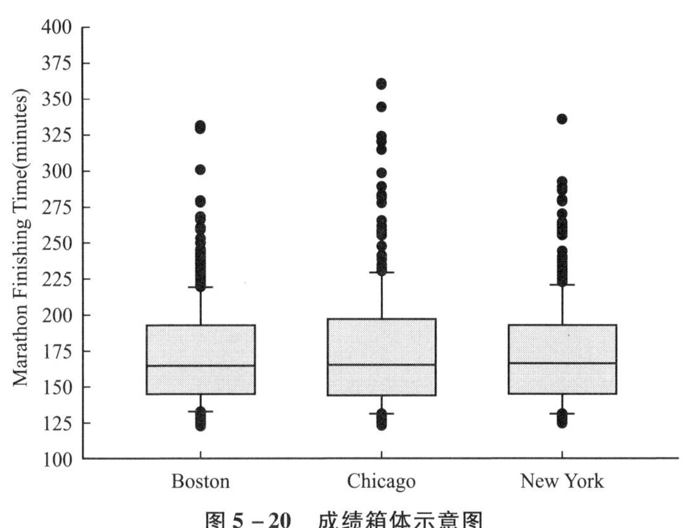

图 5－20　成绩箱体示意图

资料来源：根据中国金融科技研究中心保险创新实验室汇集资料整理而得。

图 5－20 中不区分性别，统计的年限是 2001～2016 年的所有年限。箱体的分位数分别是 25%、50%、75%；箱体上下的横线，表示了 90% 和 10% 分位数。

从上述箱体图中可以看到三大马拉松赛事内，各年龄段的最好成绩统计结果相差不大，但其中的最慢时间还是有较大差异的，从图形来看，波士顿马拉松看起来整体水平更高一些（注意这里是各年龄段最好成绩的统计）。

为了进一步区分不同城市的情况，我们可以将所有年龄区间的平均完成时间进行统计（而不是如上述只统计最好的），箱体图中各分位数含义相同，此处不再赘述。

为了回答马拉松成绩与年龄的关系，我们对男性在各个年龄段完成的最好成绩进行统计，给出小数据的箱体图，如图 5－21 所示。

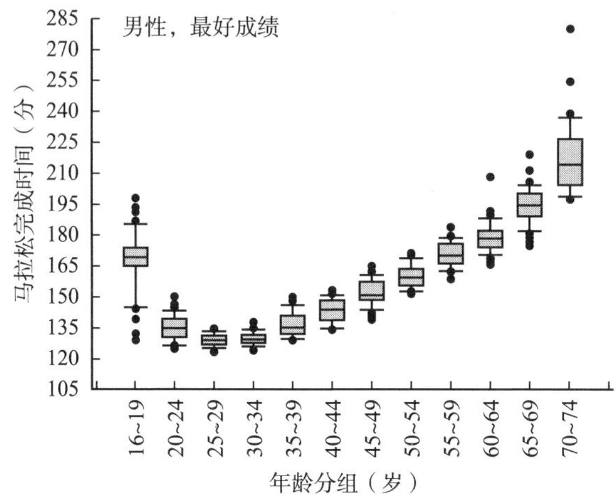

图 5-21　男性最好成绩示意图

资料来源：中国金融科技研究中心保险创新实验室。

在这个图中我们看到了非常明显的年龄趋势，该趋势是在 25～29 岁达到最好的状态，其次是 30～34 岁。而从年龄区间的整体成绩差异角度来看，30～34 岁组更加均衡一些。之后如我们所想，随着年龄的增加，完成时间逐步变长，整体图像类似上扬的抛物线。

对于女性的统计如图 5-22 所示。

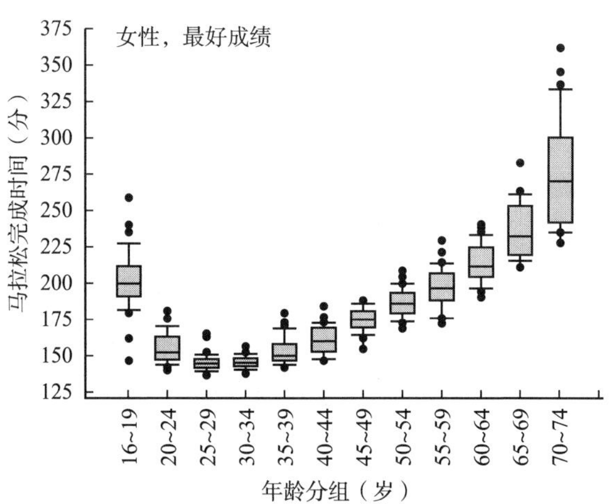

图 5-22　女性最好成绩示意图

资料来源：中国金融科技研究中心保险创新实验室。

女性的趋势整体类似“U”型图，但是就均衡角度来说，女性在25～29岁区间似乎比30～34岁更加均衡，这一点和男性不同，这意味着女性是在25～29岁达到最好的成绩。

我们还对上述数据进行了聚类和分析，并利用数据灯塔自身的数据进行组合分析，其具体结论如下：

（1）对于那些优秀的“跑马专业者”，即所谓的“精英选手”来说，在美国，最好的年龄段是25～29岁，其次是30～34岁；在中国是25～29岁，其次是20～24岁，最后是30～34岁。男女之间虽然有差异，但差异相对较小。

（2）35岁从运动能力来看是一个门槛，无论是从哪个角度评测的马拉松成绩（速度、稳定、连续代谢加权等），35岁之后都进入漫长的成绩下降过程，意味着体能的衰老。这表现在：在美国25～34岁，有73%的人成绩稳定并有可能提升，但是在35～39岁，有89%的人出现了明显下降；在中国，由于数据时间短，但也能看到个体在35岁后都有每年10%左右的成绩下降。

（3）无论是专业选手还是业余爱好者，所有的成绩与年龄都是“U”型曲线（时间角度），即在25岁之前，成绩稳步提升，在25～34岁达到成绩巅峰，然后逐步下降，一般与年龄呈现线性关系。

（4）对于业余爱好者来说，显然最好成绩的时间被严重拖后了——这是好事。有300/1 100的比例的业余爱好者，个人最好成绩是在45～59岁之间获得的，但是我们仍然看到，从统计意义上来看，35～39岁仍然是成绩下降的趋势（比例更高）。

（5）有9%的人在60～74岁取得了个人最好成绩（美国的例子），我们还看到，越高年龄取得最好成绩，其成绩退化也相对越慢。

（6）对于美国来说，（无论业余还是专业）马拉松最好成绩年龄组与方差最小组重合，即在25～34岁，成绩相差最小，这一方面说明成绩稳定性高，其实与美国马拉松一般要求报名门槛也有关系。

（7）对于中国来说，成绩相差最小的年龄组在20～24岁，其次是45～49岁，然后是25～34岁。

5.3.3.2 说明及建议

对于上述结果，我们可以给出运动生理学的理论说明：理论上，马拉松属于“慢极限”类运动，不是说速度快与慢，而是指渐进模式。慢极限运动其实并没有明确的门槛，你可以多次完成。但现代研究表明，与传统认为不同，慢极限运动的门槛在于身体代谢。对于具备效率代谢能力的个体，马拉松的完成并不存在障碍（当脂肪供能逐渐提升到70%即可）。当然不能否认的是，马拉松可能会对肌肉骨骼有一定要求。根据人体器官和功能的渐进老化路径，对于没有经过专业的代谢训练的个体（代谢不能靠运动调整，PNAS论文），其代谢整体功能在30岁左右开始稳定并衰减，考虑到代谢对马拉松以及长耐力的支持体现在后期，那么有3~5岁的延迟可以理解——因为你可以通过意志或者其他替代手段减缓这种退化的影响。这也就是分析结果的理论基础。当然对于马拉松爱好者，我们还应该特别提示：

（1）长距离项目（例如马拉松运动）对免疫系统的影响最大。在马拉松结束后的2小时到4~13天内，身体免疫系统进行应急性重构，这是要格外注意的，因为免疫系统退化是不能“逆转”的，虽然大多数人不会有问题，但也会有一些人产生重大影响（即所谓的长跑症、过渡训练症）。

（2）2017年3月，在Cell metablism上，研究人员发现了长跑带来的肾压负担，持续周期大约1~7天，所以有类似疾病隐患的人，要特别注意，避免马拉松运动。

（3）尽管有大量专业选手和业余选手配备各种专业跑鞋等，但现有数据仍然不支持所谓更专业的跑鞋可以“减少伤害的发生”和“有效提高成绩”的结论。当然你不穿鞋或者穿不舒服的鞋，肯定会有问题，但是对于去参加比赛的选手，我们默认他们所穿的鞋是适合的。

5.4 自然语言处理与保险

5.4.1 舆情与自然语言情感分析

舆情分析和情感分析有共同的地方，就是语料库的获取，不同之处在于舆情分析是基于网络上的多重信息实时抓取，经过分析后形成动态结果，而情感分析是用于训练已知且固定的样本，两者的研究对象与给出结果大不相同。我们在第 2 章提到的保险科技指数，就是属于舆情分析。

典型的多级来源如图 5－23 所示。

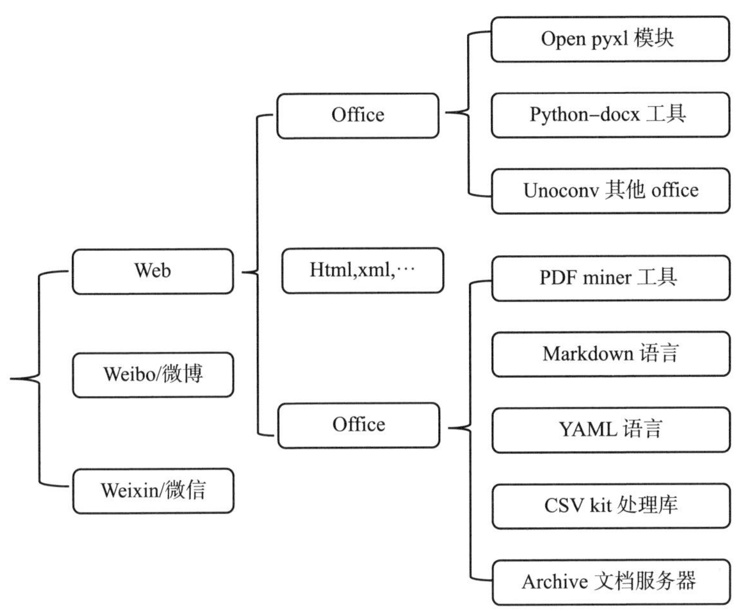

图 5－23 三级结构

情绪识别是情感计算的一部分，其中基于图像和视觉的情绪识别我们已经用于保险欺诈的甄别中，而自然语言情绪识别则是要从文本信息中识别出情绪，它使用的技术是自然语言处理。

自然语言是指人类语言集团的本族语，如汉语、英语等，它是相对于人造语言（如 C 语言、Java 语言等计算机语言）而言的。语言是思维的载体，是人际交流的工具，人类历史上以语言文字形式记载和流传的知识占到知识总量的 80% 以上。就计算机应用而言，有 85% 左右的应用都是用于语言文字的信息处理[①]。在信息化社会中，语言信息处理的技术水平和

① 曹佩：《论自然语言处理》，载《信息与电脑（理论版）》2010 年第 5 期。

每年所处理的信息总量已成为衡量一个国家现代化水平的重要标志之一。

自然语言理解作为语言信息处理技术的一个高层次的重要研究方向，一直是人工智能领域的核心课题，也是困难问题之一。由于自然语言的多义性、上下文有关性、模糊性、非系统性和环境密切相关性、涉及的知识面广等原因，使很多系统不得不采取回避的方法；另外，由于理解并非一个绝对的概念，它与所应用的目标相关，例如用于回答问题、执行命令、机器翻译等。因此，关于自然语言理解，至今尚无一致的、各方可以接受的定义。从微观上来讲，自然语言理解是指从自然语言到机器内部的一个映射；从宏观上来看，自然语言是指机器能够执行人类所期望的某些语言功能。

自然语言能够被计算机处理的前提是转化成向量模式，需要注意这里的处理不是记录和存储，而是希望转化成数字后，能够保留语言中的文字关系特征。

通常，最常用的词表示方法是独热表示（one-hot representation），这种方法把每个词表示为一个很长的向量。这个向量的维度是词表大小，其中绝大多数元素为0，只有一个维度的值为1，这个维度就代表了当前的词。当然这种表示方法也存在一个重要的问题，就是“词汇鸿沟”现象：任意两个词之间都是孤立的。

词向量的表达（distributed representation）最早是杰弗里·辛顿在1986年的论文《学习概念的分布式表示》（*Learning distributed representations of concepts*）中提出的。虽然这篇文章没有明确提出词向量的表达，但至少这种先进的思想在那个时候就在人们的心中埋下了火种，到2000年之后开始逐渐被人重视。

Google的word2vec是这样的工具，它是一个将单词转换成向量形式的工具，可以把对文本内容的处理简化为向量空间中的向量运算，通过计算向量空间上的相似度，来表示文本语义上的相似度。构造词向量后，可以通过词向量情绪的聚集分布来统计具体舆情和情绪。

5.4.2 保险智能问答系统

保险专业问答一般需要一个强大的语料库支撑。但是任何强大的语料库都不可能预测到未来客户会问什么问题，如何匹配用户的问题和语料库中的答案就是智能问答系统要解决的问题。

一般来说，语料库要分为两个部分，即“问答语料”和“问答对语料”。“问答对语料”需要做分词和去标去停、添加标签，添加标签可以使用自然语言处理的方法。

表 5 - 5 是我们搜集和使用的一个庞大的专业语料库，可以对 87% 的问题进行快速匹配和回答。

表 5 - 5　　专业语料库

	问题	答案
总量	16 897	37 009
综合	5 709	11 000
其他	11 188	27 009

一个标准的训练和匹配过程如图 5 - 24 所示。

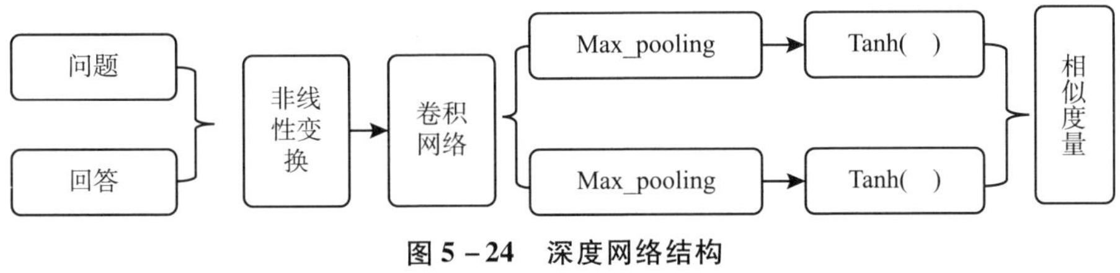

图 5 - 24　深度网络结构

一些用来衡量相似性的方法如图 5 - 25 所示。

Similarity Measure	Expression
cosine	$sim(x, y) = \frac{xy^T}{\|x\| \|y\|}$
polynomial	$sim(x, y) = (\gamma xy^T + c)^d$
sigmoid	$sim(x, y) = \tanh(\gamma xy^T + c)$
RBF	$sim(x, y) = \exp(-\gamma \|x - y\|^2)$
euclidean	$sim(x, y) = \frac{1}{1 + \|x - y\|}$
exponential	$sim(x, y) = \exp(-\gamma \|x - y\|_1)$
Manhattan	$sim(x, y) = \frac{1}{1 + \|x - y\|_1}$
GESD	$sim(x, y) = \frac{1}{1 + \|x - y\|} \times \frac{1}{1 + \exp(-\gamma(xy^T + c))}$
AESD	$sim(x, y) = \frac{0.5}{1 + \|x - y\|} \times \frac{1}{1 + \exp(-\gamma(xy^T + c))}$

图 5-25 相似性度量

参 考 文 献

[1] 高鹏:《运用车联网技术促进车险转型发展》,载《上海保险》2016 年第 6 期。

[2] 蒋寅、王洁:《车联网业务与保险业务的融合创新》,载《电信科学》2012 年第 6 期。

[3] 李政道、任晓聪:《区块链对互联网金融的影响探析及未来展望》,载《技术经济与管理研究》2016 年第 10 期。

[4] 刘琮、许维胜、吴启迪:《时空域深度卷积神经网络及其在行为识别上的应用》,载《计算机科学》2015 年第 7 期。

[5] 魏珺:《车联网引发保险业改革》,载《金融电子化》2015 年第 1 期。

[6] 袁勇、王飞跃:《区块链技术发展现状与展望》,载《自动化学报》2016 年第 4 期。

[7] 张宁:《深度学习改变保险精算定价模式》,载《计算机科学》2017 年第 3 期。

[8] 张宁:《死亡率分解模型及其在长寿分级基金构建中的应用》,载《保险研究》2015 年第 2 期。

[9] 张宁:《中国慢性病群体的长寿风险量化分析与应用》,载《保险研究》2015 年第 6 期。

[10] A. Krizhevsky and G. Hinton, Learning multiple layers of features from tiny images. Technical Report, University of Toronto, 2009.

[11] A. Krizhevsky, I. Sutskever, and G. E. Hinton, Imagenet classifica-

tion with deep convolutional neural networks. In Advances in neural information processing systems, 2012, pp. 1097 – 1105.

[12] B. Fasel and J. Luettin, Automatic facial expression analysis: a survey. *Pattern recognition*, Vol. 36, No. 1, 2003, pp. 259 – 275.

[13] Cairns, A. J. G., Blake, M., Dowd, K., Pricing death: Frameworks for the valuation and securitization of mortality risk. *ASTIN Bulletin*, Vol. 36, 2006, pp. 79 – 120.

[14] Chin – Hsiung Loh, Tsu – Chiu Wu and Norden E. Huang, Application of the Empirical Mode Decomposition – Hilbert Spectrum Method to Identify Near – Fault Ground – Motion Characteristics and Structural Responses. *Bulletin of the Seismological Society of America*, Vol. 91, No. 5, 2001, pp. 1339 – 1357.

[15] Chiu – Cheng Chang, Adjustable Biological – Age Pricing for the Global Market. Working paper, 2009.

[16] C. R. Darwin, *The expression of the emotions in man and animals.* John Murray, London, 1872.

[17] Dahl, M., Moller, T., Valuation and hedging of life insurance risks with systematic mortality risk. *Insurance: mathematics and economics*, Vol. 35, 2006, pp. 193 – 217.

[18] Dana A. Glei, et al., Predicting Survival from Telomere Length versus Conventional Predictors: A Multinational Population – Based Cohort Study. *PLOS ONE*, Vol. 19, No. 4, April 2016.

[19] Danwei Wang and Feng Qi, Trajectory planning for a four-wheel-steering vehicle. In Proceedings of the 2001 IEEE International Conference on Robotics & Automation, May 21 – 26, 2001. URL: http://www.ntu.edu.sg/home/edwwang/confpapers/wdwicar01.pdf.

[20] D. Ciresan, U. Meier, and J. Schmidhuber., Multi-column deep neural networks for image classification. In Computer Vision and Pattern Recognition (CVPR), IEEE Conference, 2012.

[21] Dean A. Pomerleau, ALVINN, an autonomous land vehicle in a neu-

ral network. Technical report, Carnegie Mellon University, 1989, URL: http: //repository. cmu. edu/cgi/viewcontent. cgi? article = 2874&context = compsci.

[22] De Jong, P. , Tickle, L. , Extending the Lee – Carter model of mortality projection. *Mathematical population studies*, Vol. 13, 2006, pp. 1 – 18.

[23] Deng J. , Dong W. , Socher R. , et al. , ImageNet: A large-scale hierarchical image database, IEEE Conference on Computer Vision & Pattern Recognition, 2009.

[24] Emms, P. H. C. and Haberman, S. , Income drawdown schemes for a defined contribution pension plan. *Journal of Risk and Insurance*, Vol. 75, No. 3, 2008, pp. 739 – 761.

[25] Farabet, C. , Couprie, C. , Najman, L. et al. , Learning hierarchical features for scene labeling. IEEE Trans: Pattern Analysis and Machine Intelligence, Vol. 35, No. 8, 2013, pp. 1915 – 1929.

[26] Felipe, A. , Guillen, M. , and Perez – Marin, A. M. , Resent morality in Spanish population. *British Actuarial Journal*, Vol. 8, No. 4, 2002, pp. 757 – 786.

[27] Feng M. , Bing X. , Glass M. R. , et al. , Applying deep learning to answer selection: A study and open task. Automatic Speech Recognition & Understanding, 2016.

[28] G. E. Hilton and R. R. Salakhutdinov, Reducing the Dimensionality of Data with Neural Network. *Science*, Vol. 313, 2006, pp. 504 – 507.

[29] Gudi A. , Recognizing semantic features in faces using Learning. Computer Science, 2015.

[30] Guillaume Desjardins, Karen Simonyan, Razvan Pascanu, et al. , Natural Neural Networks. arxiv. org/pdf/1507. 00210v1, 2015.

[31] H. Altwaijry, E. Trulls, J. Hays, et al. , Learning to match aerial images with deep attentive architectures. In Proc. CVPR, 2016.

[32] Helmstaedter, M. et al. , Connectomic reconstruction of the inner

plexiform layer in the mouse retina. *Nature*, Vol. 500, 2013, pp. 168 - 174.

[33] Hilton, G and Salakhutdinov, R., Reducing the Dimensionality of Data with Neural Network. *Science*, Vol. 313, 2006, pp. 504 - 507.

[34] Hinton, G. E. and Salakhutdinov, R., Reducing the dimensionality of data with neural networks. *Science*, Vol. 313, 2006, pp. 504 - 507.

[35] Hinton, G. E., Osindero, S. and Teh, Y., A fast learning algorithm for deep belief nets. *Neural Computation*, Vol. 18, 2006, pp. 1527 - 1554.

[36] J. Nicholson, K. Takahashi, and R. Nakatsu. Emotion recognition in speech using neural networks. *Neural computing & applications*, Vol. 9, No. 4, 2000, pp. 290 - 296.

[37] Kaggle, Challenges in representation learning: Facial expression recognition challenge. 2013.

[38] Krizhevsky, A., Sutskever, I. and Hinton, G., ImageNet classification with deep convolutional neural networks. In Proc. *Advances in Neural Information Processing Systems*, Vol. 25, 2012, pp. 1090 - 1098.

[39] Krizhevsky A., Sutskever I., Hinton G. E., Image Net classification with deep convolutional neural net works. International Conference on Neural Information Processing Systems, 2012.

[40] Large scale visual recognition challenge (ILSVRC), URL: http://www. image - net. org/challenges/LSVRC/.

[41] L. D. Jackel, D. Sharman, Stenard C. E., et al., Optical character recognition for self-service banking. *AT&T Technical Journal*, Vol. 74, No. 1, 1995, pp. 16 - 24.

[42] Lee, R. D., Cater, L. R., Modeling and forecasting U. S. mortality. *Journal of the American Statistical Association*, Vol. 87, No. 419, 1992, pp. 659 - 675.

[43] Leitzmann M. F., Platz E. A., Stampfer M. J., et al., Ejaculation frequency and subsequent risk of prostate cancer. *JAMA*, Vol. 291, 2004, pp. 1578 - 1586.

[44] Li, S., Hardy, M. R. and Tan, K. S., Uncertainty in mortality forecasting: An extension to the classical Lee – Carter approach. *ASTIN Bulletin*, Vol. 39, No. 1, 2009, pp. 137 – 164.

[45] Lundstrom, H. and Qvist, J., Mortality forecasting and trend shifts: an application of the Lee – Carter Model to Swedish mortality data. *International Statistical Review*, Vol. 72, No. 1, 2004, pp. 37 – 50.

[46] L. Xia et al., Selected by input: Energy efficient structure for rram-based convolutional neural network. In DAC, 2016.

[47] Mnih, V. et al., Human-level control through deep reinforcement learning. *Nature*, Vol. 518, 2015, pp. 529 – 533.

[48] Morgan E. Levine, Modeling the Rate of Senescence: Can Estimated Biological Age Predict Mortality More Accurately Than Chronological Age? *Journal of Gerontology: Biological Science*, Vol. 68, No. 6, 2012, pp. 667 – 674.

[49] Net – Scale Technologies, Inc, Autonomous off-road vehicle control using end-to-end learning. Final technical report, July 2004, URL: http://net – scale. com/doc/net – scale – dave – report. pdf.

[50] O. Langner, R. Dotsch, G. Bijlstra, et al., Presentation and validation of the radboud faces database. *Cognition and emotion*, Vol. 24, No. 8, 2010, pp. 1377 – 1388.

[51] Open Source Computer Vision, Face detection using haar cascades, URL: http://docs. opencv. org/master/d7/d8b/tutorial_py_face_detection. html.

[52] P. Ekman and W. V. Friesen, Constants across cultures in the face and emotion. *Journal of personality and social psychology*, Vol. 17, No. 2, 1971, pp. 124.

[53] P. Lucey, J. F. Cohn, T. Kanade, et al., The extended cohn-kanade dataset (ck +): A complete dataset for action unit and emotion-specified expression. In Computer Vision and Pattern Recognition Workshops (CVPRW), IEEE Computer Society Conference on, 2010.

[54] Rider, Jennifer R. et al., Ejaculation Frequency and Risk of Prostate Cancer: Updated Results with an Additional Decade of Follow-up. *European Urology*, Vol. 70, No. 6, 2016, pp. 974 - 982.

[55] Shun-ichi Amari, Natural Gradient Works Efficiently in Learning, *Neural Computation*, Vol. 10, 1998, pp. 251 - 276.

[56] Shun-inchi Amari, Koji Kurata, Hiroshi Nagaoka, Information Geometry of Boltzmann Machines. IEEE Transactions on neural networks, Vol. 3, No. 2, 1992, pp. 260 - 271.

[57] T. Ahsan, T. Jabid, and U. -P. Chong., Facial expression recognition using local transitional pattern on gabor filtered facial images. *IETE Technical Review*, Vol. 30, No. 1, 2013, pp. 47 - 52.

[58] TFlearn, Tflearn: Deep learning library featuring a higher-level api for tensorflow, URL: http: //tflearn. org/.

[59] Tompson, J., Jain, A., LeCun, Y. et al., Joint training of a convolutional network and a graphical model for human pose estimation. In Proc. *Advances in Neural Information Processing Systems*, Vol. 27, 2014, pp. 799 - 1807.

[60] Yann LeCun, Yoshua Bengio, Geoffrey Hilton, Deep Learning. *Nature*, Vol. 521, 2015, pp. 436 - 444.

[61] Y. LeCun, B. Boser, J. S. Denker, et al., Backprop-agation applied to handwritten zip code recognition. *Neural Computation*, Vol. 1, No. 4, Winter 1989, pp. 541 - 551. URL: http: //yann. lecun. org/exdb/publis/pdf/lecun - 89e. pdf.

[62] Y. Lv, Z. Feng, and C. Xu, Facial expression recognition via deep learning. In Smart Computing (SMARTCOMP), International Conference, 2014.

后　记

在本书的写作过程中，也正是保险科技在国内飞速发展之时，仅笔者在过去一年中就参加了数十次保险科技的讨论、报告和授课，深刻地感受到保险企业对此大潮的热衷和彷徨：

热衷是各种途径引入金融和保险科技力量；

彷徨是诸多信息交叉却仿佛没有路径。

同时笔者也看到，在保险科技的认知传递过程中，有许多值得商榷的言论：许多有传统话语权的声音在谈论着保险科技并提出许多指挥性意见，但没有人注意到他们其实只有保险的经验，却没有科技的经验，更没有保险科技的经验；有许多号称保险科技的报告，仿佛谈论的是保险科技，其实却没有实质性内容，只是为了起到判断、宣传、引导的作用；还有很多……

毫无疑问，保险科技发展需要这些力量的支持，因为这些都能够帮助保险科技吸引注意力，吸引资金，吸引资源，由此获得更好的发展空间。但很显然，这些所形成的是空中楼阁，需要更多的脚踏实地的支持。

这是笔者最初写作本书的主要目的，我们想实质性地用保险中的大数据和人工智能的研究、案例、已经应用的成果来形成基础，帮助企业进行项目落地，毕竟任何企业都需要实质性的保险科技项目落地和保险科技基础认知的改变。

本书在出版过程中得到诸多帮助，特别是中央财经大学史建平副校长的大力支持，在此表示衷心感谢。

感谢学校科研处各位老师、张舰副处长和宋双权老师以及其他老师的大力协助！

感谢中央财经大学学术著作出版基金的资助！

感谢中国精算研究院和保险学院、金融学院的中财同事提供的帮助和支持！

感谢在本书写作过程中付出努力的杨浩森、孙辉、宋佰秩、单子豪、涂宇彬、石鸿伟、陈浩、许珊、赵雨萱、张萍、郭怡君、方靖雯等各位同学！

感谢经济科学出版社王娟老师在出版过程中付出的努力！

张宁

2018 年 7 月 25 日于北京